JN180862

Its stock measures owner president

オーナー社長の自社株対策

福﨑剛志◆島﨑敦史◆齋藤伸市

すばる舎

はじめに

本書を手にとっていただいているオーナー社長の皆様は、取引先や同業者が株で揉めているなどの噂を一度はお聞きになったことがあると思います。

人の不幸は蜜の味などといいますが、せめてわが身に降りかからぬよう対策を考えておきたいものです。

しかし野次馬的なモノの見方ではその本質を見抜くことができません。いったい誰がいけなかったのか、防ぐ手立てはなかったのかなどを漠然と考える中で結局社長がいけなかったという結論に達するのではないでしょうか。

このように他人に起きたことは、その原因がどんなことであろうとシンプルに原因の元を明確に言い切ることができます。はっきりしているのは、対策を打てる人がやらなかったということです。

オーナー社長に万一のことがあったらどんなことで困るのか？

会社の成長ステージや財務内容、株主構成、社長個人の財産構成や家族構成によっても異なり、困り方は100社あったら100通りです。

成長ステージとは創業期・成長期・安定期・承継期等に分けられ、その時々で社長の役割は異なります。

社長の属人的な影響力が会社の業績に直結している場合、業種・業態を問わずどの成長ステージにおいても、社長に万一のことが発生した場合、会社はリーダーを失い混乱し、従業員の士気の低下や売上の減少は避けられません。

オーナー社長は特別な存在です

多くのオーナー会社はトップダウンで経営が行われ、社長の経験に基づいた判断や直感が会社存続のカギを握っています。

そういう意味ではオーナー社長は特別な存在です。特に創業期や成長期においては、この類い稀な能力が会社の成長に大きく貢献します。

しかし社長たりとて不死身ではありません。経営に没頭しているときは後回しにしがちですが、年齢を重ねるごとに健康に配慮しつつも、万一のときのリスクも考えなければならないときが待ったなしで近づいてきます。

当たり前のことですが気力・体力が無限でないことに気がつくのです。

ここで大切なのは後継者の存在ですが……

誤解を恐れずに申し上げれば、親族間で承継を考えている場合、その子どもがオーナー社長（先代社長から引き継ぎ、その後会社を大きく伸ばした後継社長含む）に匹敵する能力や情熱を持ち合わせているケースは極めて稀(まれ)です。

承継後も従業員の雇用を守り、会社を存続発展できるようにしていくには、特別な存在であった社長の属人的な能力やリーダーシップに依存せずにすむように、社長の権限をスムーズに委譲し、経営管理のシステム化やビジネスの仕組み化を進めることで、組織的な会社へと変えていく必要があります。

この取り組みは口で言うほど簡単なことではありませんが、当然このような取り組みを進めても、子ども＝後継者とならないこともあります。

子どもに何を承継するのか？

子どもへの承継が、必ずしもベストの選択肢であるとはいえないことは周知のとおりです。

後継者としての力量を汲み取り、複数の選択肢から考慮する必要があります。申し上げるまでもないことですが、子どもの力量以上の経営責任を持たせれば過度な負担を強いることになり、最悪の場合、会社の業績を悪化させ、子どもを不幸にするだけでなく、従業員を守ることすらできなくなるからです。

対策の一例として、会社のすべてを承継させるのではなく、目的に合わせて事業を分割し一部を承継する方法や、承継時までに得た財産のみを承継する方法等もあります。

子どもが後継者として不適であれば、承継するのはお金や不動産であってもいいのですが、くれぐれも揉めないようにしておきたいものです。

事業を承継する後継者には何を承継させたらいいのか？

それは会社を存続発展させていくための、「利益を上げ続ける秘訣」と「経営に専念できる環境」ではないでしょうか。

「利益を上げ続ける秘訣」とは、考え方・行動・習慣・コツ・目のつけどころ・売上が下がったときや上がったときに気をつけることなど、社長が最も重視してきたことです。

また「経営に専念できる環境」とは、古参役員の扱い、社内の人間関係、顧客・取引先や株主との関係、不採算部門の整理等多岐にわたります。あまり細かいところに気を取られると本質から脱線してしまうので、常に俯瞰してみる必要があります。

事業を引き継ぐ後継者にはお金や不動産以上に、このような秘訣と環境を引き継がせたいものです。これらを実行していくには、少なくても10年はかかるといわれています。

したがって、10年も前から後継者候補の人選を行い秘訣を伝え、経営に専念できる環境を計画的に整えていく必要があるといえます。

経営に専念できる環境を整える

後継者が経営に専念できる環境をつくるために、最重要課題となるのが「自社株」の問題です。なぜなら、会社を経営していくうえで、後継者に自社株を集中させる必要があるからです。

過半数の株式を所有していれば、とりあえず経営権は確保できます。

しかし、定款変更等の特別決議の場合は、3分の2以上の議決権が必要です。また組織再編を行う場合等は、他の株主から買取請求権を行使される場合もあります。

後継者に自社株を集中させることができれば、他の株主に気を遣う必要はありません。

これらの会社法上の対応に加え、税法上の対応も必要になります。また、自社株を後継者に移すには資金が必要です。たとえば譲渡であれば買取資金が必要になります。贈与であれば贈与税、相続であれば相続税の納税資金が必要になります。

したがって経営に専念できる環境を整えるには法務・税務・金融が三位一体となったバランスのとれた対策が必要です。


今回は、さまざまな事例を用いてわかりやすく解説をさせていただくことを目的に本書を出版させていただきました。

本書を読み進めていただく中で、現状から今一歩踏み込んでご検討いただく機会にしていただければ幸いです。

鳥飼総合法律事務所 パートナー弁護士　福崎 剛志
税理士法人東京会計パートナーズ 代表　島﨑 敦史
ヒューマンネットワークグループ グループ代表　齋藤 伸市

オーナー社長の自社株対策◆もくじ

第1章

自社株対策は社長の急務

第2章 社長が解決すべき課題は3つしかない

第3章 警告！ 自社株対策を怠れば会社も家族も不幸にする

第4章

実践 自社株対策①
株価が下がるタイミングをつかむ

第5章

実践 自社株対策②
株の性質をコントロールする

第6章

実践 自社株対策③
一般社団法人は活用できるか？

第7章

自社株対策成功のカギ
生命保険の活用

第8章 「法務・税務・金融の三位一体」だからできる理想の自社株対策

特別章 オーナー社長の自社株対策チェックシート 217

第1章

自社株対策は社長の急務

株には「自益権」と「共益権」がある

本題に入る前に、まず株主の持つ権利について見ていきましょう。株主の持つ権利は「自益権」と「共益権」の2つに分けられます。

「自益権」は自分が利益を得る権利です。具体的には配当を受ける権利や、会社を解散するときに残余財産を受け取る権利等があります。「自益権」は財産としての性質です。

「共益権」は会社を経営していくための権利です。代表的なものは株主総会における議決権です。実際に会社の経営をしていく役員は、株主総会で株主により選任されます。

まずは、この株式の財産としての性質（自益権）と、経営権としての性質（共益権）を理解したうえでの自社株対策が必要です。

そもそも自社株対策とは何をすることなのか？

株式には原則として1株につき1個の議決権があります。**会社を支配するためには、最低でも発行済み株式の過半数を所有することが必要です。**株式が分散している場合には、株式を買い集めるなど、後継者に経営権を集中させるような対策が必要です。

自社株を後継者に渡すということは、後継者に会社の経営を任せるということです。そしてそれは自らの引退を意味します。引退の時期を決め、それまでに後継者の選任と育成をしていかなければなりません。

そして自社株を後継者に渡すということは後継者に会社の財産を渡すことでもあります。普段は意識していない会社の価値ですが、その価値が自社株の評価額となります。

自社株の評価額が、社長の想像をはるかに超えて高騰していることはよくあることです。そして評価額が高いために後継者が自社株を買い取ることができない、贈与も贈与税がかなり高額となるため現実的ではない、ということが多くのオーナー会社の課題です。

株式の評価額には、下がるタイミングがあります。そのタイミングに合わせて、上手に後継者に株式を渡していく必要があります。会社を経営していくうえで理想的な状態で後継者に自社株を渡していく、しかもできるだけコストを抑えて渡していく、そのための対策が自社株対策なのです。

自社株対策を成功させるためには、押さえるべき４つのポイントがあります。

「いつまでに」「誰に」「いくらで」「どんな方法で」株を渡すかを決めることです。次から詳しくご説明します。

「いつまでに」渡すかを決めておかないとどうなるか？

まず社長に考えていただきたいのは、今自分が死んだらどうなるかです。わかってはいるものの、ついつい考えることを避けてしまいがちです。

突然の社長の死も考慮に入れて、対策していくことが必要です。健康に自信がある方も、不慮の事故があるかもしれません。また高齢な方は思いがけないきっかけで体調を崩されるかもしれません。

社長が後継者を決めることなく亡くなってしまうと、会社は大混乱となります。後継者候補が複数人いる場合には、後継者候補同士での争いが起こるかもしれません。後継者候補がいない場合には、会社存続のために未亡人である社長の奥様や、経験のないご子息を代表にと従業員から懇願されるかもしれません。しかし、こうした例はあまり良い結果につながらない場合が多いようです。

そして怖いのが認知症です。認知症になると、本人の意思で自社株の譲渡や贈与を行うことが困難になるため、実質的に自社株の移動はできなくなってしまいます。結果、相続を待つことになるのです。

自社株対策においては、まず**社長の引退の時期**を決定します。いつ引退するかは人それぞれですが、65～70歳の間で検討されるオーナー社長が多いです。そして引退時期からさかのぼって、自社株対策のスケジュールを作成します。

ただし実際はスケジュールどおりに進むことは珍しく、その都度スケジュールや対策の方法を修正しながら、自社株対策を進めていくことになります。

「誰に」渡すかを決めておかないとどうなるか？

自社株対策を進めるうえで「誰に」自社株を渡すかを決めることは非常に大切です。

自社株は、原則として、後継者に集中するように渡していきます。

しかし、後継者が会社を経営していくために必要なのは、自社株自体ではなく、その議決権です。

後継者以外の親族等に自社株を渡す必要がある場合には、〝種類株〟（→114ページ）を使って、議決権のない株式を渡す方法もあります。

これであれば経営権は後継者に集中させることができます。

経営権を集中させないと、会社の経営に支障をきたす場合があります。

たとえば、こんなケースがありました。

父親である先代社長は、3人の兄弟にそれぞれ平等にと自社株を均等に贈与しました。ところが長男と次男が経営方針で対立しました。三男を味方につけたほうが経営権を握ることになります。三男は自分にとって条件の良いほうを選ぼうと駆け引きをします。結局、みつどもえとなり、経営は停滞し混乱することとなりました。

中小企業においては、意思決定のスピードが命といわれています。経営方針の対立による意思決定の停滞は会社にとって致命的です。

また親族ではない役員に、士気を上げるため自社株を持たせている会社があります。

親族ではない役員に対しては、少数の株式であれば特例的な評価額（かなり評価額が低い）で譲渡や贈与ができます。

しかし、その株をまた同族株主に集めようとするときは、原則的な評価額（高い金額）で、譲渡や贈与を受けることになります。分散は簡単にできますが、それを集約するにはかなりのコストがかかることになります。

「いくらで」渡すかを決めておかないとどうなるか？

自社株は好きな金額で譲渡してもいいのでしょうか。
著しく低い価額で自社株の譲渡を受けた場合には、時価との差額に贈与税がかかります。著しく低い価額とはどのくらいなのかについては、具体的には規定されていません。誰が見ても著しく低い価額ということになります。

時価については国税庁の相続税法の「財産評価基本通達」に評価方法が定めてあります。実務上はこれにより財産を評価することになります。いくらで株を譲渡するかは個人の自由です。ただし、税務上の時価との差額については、課税が生じる場合があるということです。なるべく税の負担は避けたいので、現実的には税務上の時価による譲渡になります。

自社株の贈与を受ける場合には、この評価額を基に贈与税額が計算されます。

自社株の評価額は、会社の業績によりかなり影響を受けます。そのため必ず株価が下がる局面がありますので、そのタイミングを逃さないことが大切です。

相続により自社株を取得する場合は、相続時の株価により相続税が計算されます。そのときにたまたま業績がすごく良かったため、自社株の評価額は高くなり、相続税の負担も高くなってしまったケースがありました。

また、業績が好調で毎期必ず利益を計上している会社は、自社株の評価額が、期を重ねるごとに上がっていきます。

後継者が決まっているのであれば、早いタイミングでの自社株対策をしたほうが得策なのです。

「どんな方法で」渡すかを決めておかないとどうなるか？

自社株について、何も対策をしないで先代社長が亡くなってしまった場合には、どうなるのでしょうか？

その場合、相続人が自社株を相続することになります。相続になると、相続人らによる話し合いにより遺産を分割します。

相続人が複数人いて、遺産に自社株以外の財産があまりない場合には、分割案をまとめるのに苦労する場合が多くなります。たとえば、後継者が相続する財産が自社株のみとなったり、会社に関係のない相続人が一部の自社株を相続することとなったりするかもしれません。

そうすると、もし自社株の評価額が高く、なおかつ相続財産の中に現預金等の流動性の高い資産が含まれていないと、相続人は相続税を納税することができません。現預金が手元にないからです。借り入れをして相続税を納税するということになってしまう場合もあります。

自社株はそのときの会社の業績や資産状況により評価されるので、想定外の相続税が発生することはよくあることなのです。

このような事態をできるだけ避けるためにも、自社株を移動するなど、生前の自社株対策が不可欠です。

自社株の移転方法としては「譲渡」と「贈与」があります。贈与には「相続時精算課税制度」や「信託」の活用もあるので、それぞれご紹介しましょう。

譲渡

譲渡では、後継者に自社株を売却します。後継者は自社株を買い取るための資金が必要です。また、売り渡したほうには所得税（譲渡所得）が課税されます。

贈与

贈与では、自社株の贈与を受けた後継者に贈与税が課税されます。贈与税は暦年課税（1年間に受け取った財産の合計額に対してなされる課税）で計算され、毎年110万円の控除があるため、110万円までは課税されません。

相続税も贈与税も超過累進税率です。将来予想される相続税の税率よりも、低い税率での贈与による納税は、将来の相続税を減らす効果があります。

相続時精算課税制度

この制度を選択すると、父母または祖父母から受けた贈与で2千5百万円までは贈与税が課税されず、2千5百万円を超えた部分については一律20％の税率で贈与税が課税されます。

そして相続が発生したときには、この贈与分は相続財産に含めて再度計算し直されます。そのためこの制度を利用しても税金は減りません。

しかし、自社株の贈与であれば、相続税計算時の自社株の評価額は贈与したときの評価額となります。つまり、自社株の評価額が贈与した時点での評価額に固定されるのです。

将来株価が上昇していくのであれば有効ですが、逆に将来株価が下がってしまった場合には税負担は増えてしまいますので、注意が必要です。

信託

こんなケースがありました。後継者である長男に、何とか苦労して自社株を移動することができました。長男は結婚していましたが子どもはいませんでした。

そんな折、長男が事故により突然亡くなってしまいました。子どもがいないため、長男の妻は法定相続分である3分の2の自社株を相続することになりました。

長男の妻が会社の経営権を握ったのです。ほどなくして妻の両親や兄弟が会社の役員に就任しました。会社が大混乱に陥ってしまったことはいうまでもありません。

せっかく自社株を長男に移しても、長男に万一のことがあれば、自社株はその配偶者に相続されてしまいます。

信託を利用することにより、このような状況を回避することができます。

信託には、「委託者」「受託者」「受益者」の3人が登場します。

「委託者」は「受託者」に資産を委託します。

「受託者」は資産から得た利益を「受益者」に与えます。

「受益者」は税務上の資産の所有者となります。

この場合、社長（父）が「委託者」兼「受託者」、長男が「受益者」とすると、税務上は長男が自社株の所有者になり、贈与税がかかります。信託は契約です。もしも長男に万一のことがあったときには「受益者」を次男とする契約にしておけば、長男の配偶者に自社株が相続されてしまうことを防げます。

信託に税効果は期待できません。しかし、設計次第で自社株の行き先をコントロールすることができるのです。

自社株対策は「法務・税務・金融」の三位一体で

事業あっての自社株対策です。会社の経営に大きな悪影響を与えるような自社株対策は避けなければなりません。

それでは、会社の経営に悪影響を与えない「良い自社株対策」「良い事業承継」を実現するためには、どうすればいいのでしょうか?

オーナー社長にとって、事業承継の局面でまず頭に浮かぶのは税金の問題でしょう。

今の自社株の価格はいくらなのか、自社株を贈与したり相続したりした場合、税金はいくらかかるのか……。税務問題はオーナー社長の頭にこびりついているはずです。

次に出てくるのが民法や会社法などの法的な問題です。株の承継が会社法に則して行われているのか、組織再編を伴うような事業承継のケースであれば、その組織再編が法にかなっているのか。

事業承継は、この法務と税務の2つの問題を一緒に解決することがポイントといえます。なぜなら、株の評価方法や、誰に株を取得させるのかなどの手続きは、法務と税務でそれぞれ分かれているためです。

たとえば、税金を軽減することのみにこだわってしまうと、後に後継者が重要な判断を行うために必要な、議決権を獲得できないなどの問題が出てきます。

事業承継とは、法務面と税務面で全く見方が違うことが多いのです。そのため、この2つの問題をセットで解決することが重要となります。

そして最後に、もう1つ必要なのが、金融のノウハウです。金融のノウハウは一体何に使うのでしょうか。

たとえば、オーナー社長に役員退職金を支給する場合、単純に現金で支給するケースと、保険を使って支給するケースとでは、税効果が全く異なります。その他にも、組織再編等で株価が下がる対策をしたけれども、思ったように下がらないという場合、保険等の金融商品を使うことによって解決できることもあります。

会社にとって事業承継とは、経営者が変わるという大きな変革期にあたります。この変革期を乗り越えるためにも、法務、税務、金融のノウハウが合わさり、三位一体となって課題を解決することがとても重要です。

本書をお読みになっているオーナー社長の皆様は、すでにさまざまな事業承継対策をされていることと思います。

しかし、たとえば保険を使って退職金を支給する場合、そこに法務・税務のサポートができていなければ、本当に一番良い効果を享受できるか不確実性が非常に高いといえます。

事業承継には、法務、税務、金融が三位一体となった対策が一番効果が出るのだということを、まず入り口として押さえておいていただきたいと思います。そして自社株対策も同様に、法務、税務、金融の三位一体となった対策が必要です。

詳しくは次章から見ていきましょう。

第2章

社長が
解決すべき課題は
3つしかない

第1章で、事業承継には、法務、税務、金融の三位一体となった対策が必要とお伝えしました。そして、それに伴う、自社株対策も、同じく法務、税務、金融の三位一体となった対策が必要であることをお伝えしました。

それでは、事業承継を控えているオーナー社長には、具体的にどのような悩みがあるのでしょうか。

私たちは仕事柄、オーナー社長のさまざまな悩みをお伺いしますが、それらは大きく3つに分けることができます。

1つ目が株価問題。

2つ目が後継者問題。

そして3つ目が相続問題です。

本書をお読みのオーナー社長ご自身で思い浮かべてみて、「なるほど、自分は株価問題と後継者問題だな」と、ご自身の悩みが整理しやすくなるかと思いますので、具体例を交えてご紹介します。

株価問題

株価問題は、どの会社にもあると言っても過言ではありません。好業績企業の8割のオーナー社長が、株価が高過ぎるという悩みを抱えていらっしゃいます。

そもそも株価が高いことに気づいていない社長もいらっしゃいます。このような社長が自社株の算定をすると「何だ、この株価は!?」というほどに高騰しているのです。

事例①A社（明治創業　アパレルメーカー）

A社の社長は、事業を承継して15年が経ちます。先代も非常に優秀な経営者でしたが、この方も相当手腕があり、毎年数億円も税引後利益が積み上がっていくという会社でした。

一生懸命経営を頑張られて会社を大きくし、剰余金も積み上げられたわけですが、その結果株価が高騰し、株式を承継するための税負担が重過ぎて「税金のことを思うと、本当に心配だ。夜も眠れない」とおっしゃっていました。

一生懸命経営をされた結果、株価が高騰し、その税負担をどうしたらいいのかわからないとのことなのです。これが多数のオーナー社長の悩みなのです。

【対策例】

自社株の高騰にお悩みのオーナー社長に対しては、株価算定を行い、退職金スキーム、あるいは組織再編で、承継のために株価がどのくらい下がるのかというシミュレートをします。

- ・株価算定…第4章（89ページ）
- ・組織再編…第8章（192ページ）

事例②B社（創業50年 自動車部品メーカー）

B社は過去、株価の高騰により後継者へ株の承継ができず、相続税の負担を軽減するために、多数の従業員に株式を分散させていました。株主は約50名にのぼります。

税負担を軽減するために株を分散させたわけですが、従業員は誰も株を持っていることを知らない状態でした。こうした場合、今度はどうやって50名の株を集約していくのかが問題となります。

【対策例】

分散した株を整理し、株を集約します。集約させる際、会社で買い取るのであれば株主総会決議が必要になります。

・種類株式の活用…第5章（114ページ）

株には財産権と議決権があります。財産権のみを譲渡し、議決権は〝無議決権化〟できるのが「種類株式」です。したがって、従業員に株を譲渡する段階で、議決権のない種類株式を譲渡していれば、会社で買い取る際に株主総会決議の必要はなくなります。

これらが株価問題の代表例です。大きくは、①株価が高過ぎて困るということ（税務）、②株を分散させてしまったがために、経営が安定せず困るということ（法務）、これらの問題を抱えていらっしゃいます。

後継者問題

続いて後継者問題です。こちらも非常に悩みが深く、後継者がいない、または見つからないというものです。後継者がいないために廃業してしまう会社も多くあります。

事例③C社（化粧品の小売店を営む会社）

C社は都内に3箇所店舗をかまえ、黒字経営をされていらっしゃいました。問題は、後継者がいないこと。こちらは最終的にM&Aになりました。日用品の総代理店をされている会社に売ってしまったのです。後継者がいないという典型的な後継者問題でした。

【対策例】

・M&A

ご親族に後継者候補がいるケースは多くあるかと思います。

しかし、親族に後継者候補がいても、必ずしも先代社長に匹敵する経営手腕をお持ちであるとは限りません。長年、先代社長の下で仕事をされてきた従業員のほうが、会社を存続させるのに適していると考える社長は少なくありません。

ですが、自社株を従業員に集約させることや、事業を行ううえで多額の借入金がある場合等は、従業員がその責任を担うのにふさわしくない場合があります。

この場合、M&Aを活用することによって後継者問題を解決することができます（詳細は専門家にご相談ください）。

事例④D社（海外にも事業拠点を持つ電気機器メーカーの下請け企業）

D社は、海外にも事業拠点を持つ電気機器メーカーの下請けです。

電気機器の部品を国内外のメーカーに供給されており、売上規模も100億円の非常に優良な会社です。社長は80歳を超えており、過去にがんを患うなど、健康面でも問題を抱えていらっしゃいました。

こうなりますと、事業承継というのは、緊急かつ重要なテーマとなってきます。

長男は50代で、入社して20年以上経っています。自ら海外に行き、契約を交わしてこられるなど、後継者は長男で決まりといった状況です。代表権もお持ちでした。

それでも社長は、本当に自分の息子にこの会社の株を渡していいのかを悩まれます。従業員が息子についてきているか、取引先が息子の手腕を認めてくれるか、そう考え始めると、やはり株を渡す踏ん切りがつかないと、1年以上悩んでいらっしゃいました。

【対策例】

・黄金株…第5章（135ページ）

後継者問題というのは、ご子息に承継する意思があったとしても、悩まれることがあるというのが特徴的なところです。

このような問題を解決する1つの方法として、「黄金株の活用」があります。

黄金株は、重要な決定事項を拒否することができる株式のことをいい、ご子息の経営判断に一任するということでなく、大切な場面では先代社長が待ったをかけることができる株式です。

相続問題

株価問題、後継者問題ときて、最後の3つ目が、相続問題です。
高騰した自社株を承継可能な額にし、後継者についても難しい判断をクリアしました。圧倒的多数のオーナー社長は、この段階でもう事業承継が完了したと思われますが、忘れてしまいがちなのが、この相続問題なのです。

事例⑤F社（創業30年の土木工事会社）

創業して30年、会社も大きくなり、株式はすべて長男に承継することとなりました。しかし社長には会社の株式以外に目ぼしい財産がないため、長女と次女に残す財産がありません。不公平な相続となり、兄妹で揉めないか悩んでおられました。

【対策例】

・遺言の活用・代償分割資金の準備……第7章（163ページ）

事業承継で悩んでいらっしゃるオーナー社長の財産一覧を見ますと、株式が8割を占めているという状態がほとんどです。

その状態で株を承継させようとすると、このF社の場合、兄妹3人平等に分けてしまえば紛争になります。誰が会社を仕切っていくのかで、紛争になるのです。長男以外は仕事にタッチしていなかったため、株は後継者である長男1人に集中させたいと考えていました。

しかし、株を1人に集中させる＝長男に財産の8割が集中することになります。その場合、長男以外の相続人への財産は、公平に分割することができません。

したがって、生命保険などの金融商品を活用して、総資産の8割が株という状態を、長女、次女へも財産が分割できるような形にします。

株価が高くなっている会社で相続時に起こりやすい勘違い

そして、役員退職金の支給により、株価が1億円へ下がったタイミングで長男に生前贈与をします（社長の頭の中では、1億円の株を長男に贈与したことになっています）。

自宅、現金といった資産を1億円ずつ他の兄妹2名に渡したとしましょう。そうすると、兄妹3名で株1億円、自宅1億円、現金1億円、平等に財産が分割でき、最高の事業承継ができたと思い、亡くなりました。

しかし、社長が亡くなった時点で、1億円だった株価が、たとえば7億円まで上がっていたとします（58ページ 図2-1）。

この場合、長男は他の姉妹から遺留分の減殺請求を受ける可能性があります。なぜかというと、遺留分というのは、過去に贈与した財産を、相続発生時の財産価値に引き直して計算するからです。

したがって、株をもらったのが長男、自宅が長女、現金が次女だった

図2-1 財産内容の内訳

財産内容	評価額
自社株	7億円 (贈与時　1億円)
自宅	1億円
現金	1億円
合計	9億円

とすると、長男は7億円、長女・次女は1億円ずつ、合計が9億円です。子どもには遺留分が認められておりますので、長女、次女ともに法定相続分3億円の半分が遺留分です。

つまり、遺留分は1億5千万円となります。実際には1億円しかもらっていないわけですから、5千万円の遺留分侵害を起こしていることになります（図2-2）。仮に遺言書があったとしても、この問題を防ぐことはできません。

図2-2 相続人の法定相続分と遺留分

	法定相続分	遺留分
長男	3億円	1億5千万円
長女	3億円	1億5千万円
次女	3億円	1億5千万円

長女・次女ともに、5000万円の遺留分侵害

このケースで、長女と次女が長男に対して、遺留分の減殺請求権を行使した場合、長男はその金額に見合う現金を支払わなければなりません。それができなければ、株を兄妹の共有名義にするしかなく、長男の単独所有で経営を安定させる目的で行った生前贈与は、まったく意味を成さなくなってしまうのです。

どのオーナー社長も株価対策は、株価が下がった段階で完結していると思っています。しかし、遺留分侵害かどうかは、すべて相続時の評価に置き換えて計算されるこ

とに注意が必要です。

このように、税金の問題だけを考え対策を行うと、最後に遺留分侵害という法的な問題が噴出し、1人に渡したはずの株が、兄妹3人の共有になってしまうという問題が控えているのです。

株価問題、後継者問題、相続問題。

事業承継の悩みとしてこの3つが大きくあるわけです。これらを解決していくためには、やはり税務だけではなく法務も必要だ、法務・税務だけではなくて金融も必要だということが、これまでの事例でご理解いただけるのではないかと思います。

第3章

警告！
自社株対策を怠れば
会社も家族も
不幸にする

前章で述べた、株価問題・後継者問題・相続問題に対し、きちんとした対策をとらなかった場合、どうなってしまうのでしょうか。すべての対策を怠ったがために起きた悲劇の事例をご紹介します。

これは5年ほど前にあったご相談です。「社長の相続で非常に困っている。話を聞いてくれないか」という内容でした。

概要は次のとおりです（図3－1）。

X物産という販売会社で、社長のAさんがお亡くなりになり、A社長の相続人である長女と次女が、「父の遺産のうち、X物産の株（36・7％）の権利のみを、なんとか放棄することはできますか」と相談に来られました。

図3-1 X物産 相続問題の概要

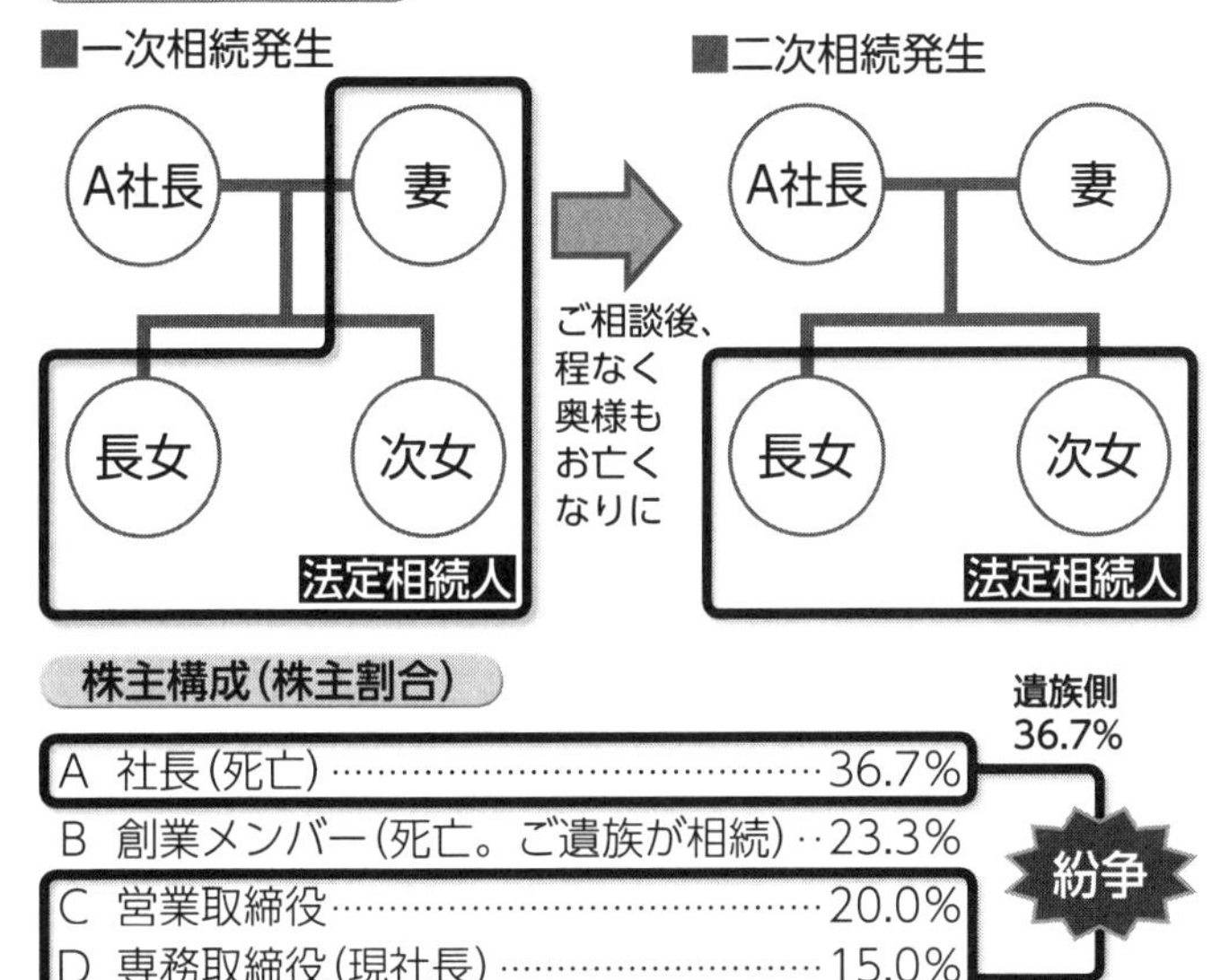

- 自社株36.7%＝株価評価3億2千万円を相続
- 会社側の持ち株割合40%に勝てず、D専務取締役が社長に
- D社長体制により、A社長の遺族による相続問合せにまともに取り合ってくれない
- 納税総額は2億6千万円（一次相続1億800万円＋二次相続1億5200万円）
- 迫る納税期限（相続発生時から10カ月以内）

なぜかというと、相続税の問題があるためです。この36・7％の株は、相続税評価額で3億2千万円です。これにより、相続人は株だけで1億円以上の相続税を払わなければいけないのです。

またX物産には、会社はみんなのものだという風土がありました。そのため役員をはじめ、任せられるという社員にも早い段階から株をどんどん渡していました。

社長が元気なうちは、役職員は社長に逆らわないため76・7％の安定株主でした。76・7％あれば、全く問題なく磐石の経営を続けていました。しかし社長が亡くなり、相続の発生をきっかけに、この会社は一気に様変わりします。

A社長の持株36・7％は、筆頭株主ではあるものの、役職員が団結した40%に勝てないという状況が生まれてしまったのです。その結果、専務取締役のDさんが代表者となり、社長一族は会社から追い出されてしまいました。

D社長（A社長と区別するためにD専務取締役とお呼びします）を中心に40%の株を役職員で固められているため、A社長は優良な会社に育て上げたにもかかわらず、死亡退職金をもらえないまま相続を迎えてしまいました。その結果、億を超える相続税をご家族に負担させてしまうことになったのです。

こうなると、A社長のご家族がD専務取締役に問い合わせても、まともに取り合ってもらえなくなります。たしかにA社長のご家族は、社長の相続権を持っていますが、会社には全くかかわっていなかったため、二の次にされてしまうわけです。

D専務取締役を中心に会社が承継されたために、A社長のご家族に対する対応は、どんどん後回しにされ、億を超える相続税を支払わざるを得ない状況になってしまいました。

さらに起こる二次相続

では36・7%の株は、持っていたら何かできるのかというと、はっきりいって何もできません。40%の株主に負けますので、何もできないのです。買い取ってくださいと言っても、非上場会社の株式を買い取る人はいません。もちろん配当もありません。

配当ももらえない、買い取りはしてもらえない、経営に口は出せない、税金だけ億単位支払わなくてはならない。そういった代物になってしまいました。

このようなことから、ご家族が「権利なのだから、株を放棄することはできますよね」と相談してくる気持ちもわからなくもありません。もし株の放棄ができて、億を超える相続税を支払わなくてすむなら、あらゆる手を尽くして放棄したいでしょう。

しかし残念ながら、相続放棄とは「すべての財産を相続しない」ことで、今回の相談のように、X物産の株だけを放棄するということはできません。算定上、同族株主グループに入り、かつ筆頭株主のため相続税評価が最も高く評価され、株だけで3億円以上の財産となり、億単位の課税になってしまうのです。

さらに、今回の相談があって間もなくA社長の奥様がお亡くなりになりました。A社長の相続が解決していないタイミングで、二次相続が発生したのです。A社長の長女と次女のお2人は、非常に過酷な状況に追い込まれてしまいました。

A社長と奥様の財産は、X物産の株式が3億2千万円、現預金が2億8千万円、不動産が2千万円、合計6億2千万円です。ほぼ同時に二次相続が発生したことで、合計2億6千万円の相続税になります（図3-2）。

何もしなければ、現預金のほとんどが納税で消えてしまい、残るのはX物産の株式と2千万円の不動産だけになります。

A社長の相続人、長女と次女はいずれも主婦です。ご主人はそれぞれメーカーと出版社に勤務されており、株を相続してもX物産の経営にか

図3-2 相続人の税負担

一次相続

単位：万円

A社長 相続財産	
X物産株式	32,000
預 貯 金	28,000
不 動 産	2,000
合計	62,000
基礎控除	62,000 ▲8,000
課税財産	54,000

単位：万円

	法定	税率	税額	控除	税負担
妻	27,000	50%	13,500	0	0
長女	13,500	40%	5,400	5,400	5,400
次女	13,500	40%	5,400	5,400	5,400
合計					10,800

二次相続

単位：万円

A社長奥様 相続財産	
X物産株式	32,000
預 貯 金	10,000
不 動 産	5,000
合計	45,000
基礎控除	45,000 ▲7,000
課税財産	38,000

単位：万円

	法定	税率	税額	税負担
長女	19,000	40%	7,600	7,600
次女	19,000	40%	7,600	7,600
合計				15,200

X物産の株式が高騰したため、
合計2億6千万円もの税負担となる

かわることはできません。
A社長が全く自社株対策をしていなかったがために、残されたご家族が大変な目に遭っているのです。

60％対40％の逆転劇

この状況で、もし何かできるとすれば、すでに亡くなっている創業メンバーのBさんのご家族と力を合わせることしかありません。

しかし、A社長が現役のとき、持株比率76・7％でBさんを追い出して経営をしてきました。A家が虐げられる立場に変わってしまった今、Bさんのご遺族に助けてもらうしかないのです。

Bさんのご遺族が協力してくれる可能性は低いだろうと思っていましたが、A社長の長女がBさんの奥様に「何とか助けていただけないか」と話をしたところ、何と「そんなにお困りであれば、お力をお貸ししましょう」ということになりました。

株主構成を見ると、A家の36・7％とB家の23・3％が手を結んだことになります。これにより、40％対36・7％でA家を会社から追い出したD専務取締役が少数株主になってしまったのです。

A、B両家が手を結び60％の株主となり、経営者に対して株主として経営権を行使できる状態になりました（73ページ 図3-3）。

舞台は法廷へ

60％の株主であるA社長の相続人とB家は、取締役4名の追加選任を決議するために臨時株主総会の招集を取締役会に請求しました。

X物産にはすでに3名の取締役がいたため、4名を追加選任し、過半数をとることを求めました。

ただし、これは形式的な請求です。A家としてはもう会社を経営することはできないため、最後は株を買い取ってもらえればいいというもくろみがありました。

図3-3 株主構成が変わり、経営権を行使できるように

株主構成（株主割合）

A	社長（死亡）	36.7%
B	創業メンバー（死亡。ご遺族が相続）	23.3%
C	営業取締役	20.0%
D	専務取締役（現社長）	15.0%
E	取締役	3.3%
F	社員	1.7%

B家の協力を得て60%株主に

立場逆転

会社側40%

●A、B両家の請求内容→取締役4名の追加選任

会社側と法廷闘争

会社側が株式の60%を買い取ることで和解

A家は株の買い取り金を納税資金に充当

Ａ、Ｂ両家は弁護士をたて臨時株主総会を開くよう求めますが、会社側の弁護士としては、株主総会を開けば取締役が解任されてしまうため、開催を拒否します。
対抗措置としてＡ、Ｂ両家の弁護士は、裁判所に株主総会の開催を申し立てます。株主総会の召集許可が認められ、Ｘ物産の臨時株主総会が開催されました。

その結果、Ａ、Ｂ両家が求めていた取締役４名（Ａ家２名、Ｂ家２名）の追加選任が認められることになり、経営権が株主側に移行しました。

これに対し会社側は、経営権を死守するために、裁判を申し立ててきました。「定款では、取締役の人数が４名以内に限られているにもかかわらず、４名が追加選任され、７名となった。これは定款に違反する株主総会決議だ」と、株主総会決議の取り消しを求めて訴訟を提起してきたのです。

こうなると、何でも理由をつけて法廷闘争を繰り広げてくるのが一般的です。最終的には、裁判官に「いろいろご事情はあるとは思いますが、終局的な解決はできませんか」と和解の話を持ち込まれることになります。

和解へ

X物産の事例ですと、A、B両家で持株割合60％を持つ株主がこうした請求をしてきたため、会社側の解決策は1つしかありません。両家の株を買い取ることです。

結局、裁判官の話にA、B両家も乗り、X物産がA、B両家の株式すべてを相続税評価額にて買い取ることで合意し、和解しました。

株は相続後の買い取りのため、金庫株となります。会社が買い取っても有価証券の譲渡所得となるため、税率が20％（所得税15％＋住民税5％）ですみます。

仮に、相続が始まる前にA社長から株を買い取る場合だと、会社が支払った株の買い取り金は、配当金を払っているのと同じみなし配当となり、所得税、住民税あわせて最高で55％という税率になってしまいます。

今回は相続後の株の買い取りですので、20％という低税率ですみました。

長女と次女が困っていたのは、株にかかる多額の納税額です。

A家は一次・二次合計で2億6千万円の相続税が課税され、相続財産の現預金がほとんどなくなってしまうところでした。しかし、X物産に3億2千万円で株を買い取ってもらったことで、買い取り金を相続税の支払いにあてることができ、相続財産の現預金2億8千万円はそのまま持つことができました。

以上が、典型的な失敗事例です。自社株対策をしていないと、このような結末になるのです。X物産と同様に紛争が起き、株の買い取りで決着した案件は決して少なくありません。

X物産の教訓

学ばなければいけないのは、こうしたX物産からの教訓です。社長が何もしなかったがために、ご家族はどうなってしまったでしょうか。株の買い取りを実現するために、ご家族がどれだけの苦労をするのか、また、会社がどれだけ混乱するのか伝わりましたでしょうか。

相続したX物産の株式は、億を超える高額な課税を受ける財産にもかかわらず、会社の経営にかかわっていない相続人には、納税の責任しかない財産です。本来は、A社長が会社を成長させた証であり、A社長にとって宝物であったはずです。

しかし、未対策で相続が発生したため、残されたご家族がA社長に代わって対処しなければなりませんでした。何もわからないところから始めるので、不安や心労は計り知れないものであったはずです。最終的には、好条件に恵まれ、売却で難を逃れることができましたが、すべてがこのように解決できるとは限りません。

税金とは怖いもので、自己破産しても税金は免除されません。納税ができなければ、自動的に強制執行されるため、残った財産に容赦なく差し押さえ通知が来ます。

しかも、それがこのあと何代にもわたって起きることを考えると、非上場株式で、かつ権利の実現ができない財産があるリスクは、計り知れません。

特に、高収益企業のオーナー社長は、自社株の問題を先延ばしすることはできません。未対策のまま相続が発生すれば、ご家族を不幸にすることは避けられない、といっても過言ではないからです。

事業承継の鉄則

このX物産は、「退職金の準備」と「自社株を社長に集中」していればこのようなことには絶対になりませんでした。

①退職金を準備する

A社長は最終月額報酬が350万円で、在任年数は40年。役員退職金を否認されない金額で4億2千万円はもらえたはずです。

ところが何もせずに相続をしてしまったがために、1円ももらえていません。A社長の相続人は株を3億2千万円で買い取ってもらったわけですが、結局、役員退職金はもらえませんでした。会社が計画的に役員退職金を用意して4億2千万円を出せていれば、会社の株価は大きく下がっていたはずです。そこで後継者を指名し株を移せていれば、会社から追い出されることなく承継できていたでしょう。

・参照…第4章（→88〜108ページ）

②自社株を社長に集中させる

X物産は役職員が多くの株を持っていました。株が分散している状態です。

こうした会社は特別ではなく非常に多く見受けられます。リーダーシップが取れているときには問題は起きません。しかし、そのバランスが崩れると、さまざまなトラブルが一気に浮上してくるのです。

株を渡す理由も理解できます。ですが、株を渡す際、種類株式などを活用するなどの対策をとっていれば、相続を機に会社の経営権がひっくり返るような事態は防止できました。

・参照…第5章（↓110〜141ページ）

自社株対策の鉄則は、**株式を分散させないこと**です。分散させた株というのは、いずれ意思を持ち始めます。そして相続等を契機に、パワーバランスが変わってしまいます。そこで起こるのは、まさにご紹介したような経営権の争奪戦です。

どれだけ争おうと、どちらかが退場しなければならないのです。つまり、最終的には、どちらかが株を買い取るしかないということです。

買い取りにはもちろんお金が必要です。それが役員や従業員であれば、一般的に株を買い取るだけのお金を持っていることはほぼないでしょう。したがって会社が買い取り、金庫株にするしかないのです。

X物産は、A、B両家の持つ60%の株を買い取るために、銀行から借り入れをしました。担保権も設定されることになります。そのため財務体質が悪化し、設備投資などが今までのように容易にできなくなりました。その結果、競合他社との競争力が徐々に低下していきました。

このようにX物産の事例は、株の分散リスクがどんなことになるかをご理解いただくのに、わかりやすい事例だといえます。

自社株対策を事前に行い、かつ後継者に株を集中させる対策が、まさに必要になることがおわかりいただけるかと思います。

歴史は繰り返す

最後に、X物産の事例の怖さについて、補足します。

それは、買い取られたA家とB家の株です。金庫株になった株は、議決権がなくなったことで新たな問題を生じさせます。

株の買い取り金は、4年分割で払っていくこととなりましたが、その後は次の問題も控えています。

どういうことかというと、株の買い取り後、C営業取締役が20%、半分の株を持つ株主になるのです。そうすると、今度は15%の株を持つD専務取締役が、会社を追い出されます（図3-4）。

図3-4 株の買い取りにより生じる新たな問題

金庫株	60.0%
C 営業取締役	20.0%
D 専務取締役(現社長)	15.0%
E 取締役	3.3%
F 社員	1.7%

C 営業取締役が筆頭株主に

こうした争いが一度あると、何度も繰り返し起きる傾向があります。結局、誰かがどこかのタイミングで株を集中させなければ、争いの火種は消えないのです。

社員は、争いが起こるたびに翻弄され、会社がどうなるかと不安を抱えながら仕事をしなくてはなりません。場合によっては、こうしたことが経営破綻につながることもあるのです。

それでは次の章から、こうならないためにはどうすればいいか、自社株対策の具体的な手法を見ていきましょう。

第4章

実践
自社株対策①

株価が下がるタイミングをつかむ

自社株対策でオーナー社長を悩ませる問題の1つが、「自社株の評価額」の問題です。自社株の評価額が高くなりすぎて、譲渡しようにもできず、身動きがとれなくなってしまうのです。

そのため、自社株の評価額が下がるタイミングをうまくつかんで、そのタイミングで譲渡することになります。

自社株の評価額が下がるタイミングとは、簡単に言うと直前期の利益が下がったタイミングといえます。では、どのような場合に利益が下がって株価が下がるのでしょうか。

この章では、株価評価の仕組みを説明し、株価をコントロールする方法をお伝えします。

株式評価の仕組み

上場株式には株式を売買する市場があり、そこでの取引金額が時価となります。一方、オーナー社長が所有する自社株は、会社が上場していないため、市場での取引時価というものはありません。それではこのような株を取引きする場合の時価はいくらになるのでしょうか。

相続税法の「財産評価基本通達」に定めがあります。財産評価基本通達は通達ですので、本来は税務職員が従うべきものです。しかし、実務上この財産評価基本通達にもとづいて評価をしています。

このように、未上場のため時価がない株式は「取引相場のない株式」

と呼ばれています。

たった2つの評価方式で株価の仕組みがわかる

「取引相場のない株式」の評価方式には「原則的な評価方式」と「特例的な評価方式」があります。

まず、簡単な「特例的な評価方式」の説明をします。

①特例的な評価方式

これは、少数株主など株式保有割合の少ない株主が取引する場合の評価額となります。このような少数株式保有株主は、株式保有割合が少ないことから、議決権を行使して経営に参画することはできません。

そのため、その保有目的は主として配当を受け取ることにあるとして、配当の金額により株式を評価する「配当還元方式」により評価します。

「配当還元方式」は「原則的な評価方式」に比べてかなり評価額が低くなります。「特例的な評価方式」が適用される場合以外は、次の「原則的な評価方式」により評価をします。

②原則的な評価方式

「原則的な評価方式」とは、後述する「純資産価額方式」「類似業種比準方式」、またはこの2つの方式の「併用方式」により評価することです。

（1）純資産価額方式

「純資産価額方式」の基本的な考え方は、もし会社を解散・清算するとした場合に、手元に戻ってくるであろう金額を株式の評価額とするというものです。会社の貸借対照表をもとに、総資産から負債を差し引いて算出します（ただし、繰延資産など財産性のないものは総資産から除かれます）。また、資産は相続税評価額に評価換えして計算します。これは貸借対照表に簿価で計上されている資産を、現在の価値相当額に評価し直すためです。

ここで評価換えをしたことにより評価額が増えた場合には、増えた分の37％の法人税相当額を控除することができます。

これは実際に解散・清算する場合、各種資産を現金化する際に生じた利益に法人税の負担が発生するためです。

図4-1 類似業種比準方式の株価産出式

分子に評価会社 分母に類似会社	1株あたり 配当金額	1株あたり 年利益金額	1株あたり 純資産価額

$$\text{類似業種の平均株価} \times \frac{\frac{a}{A} \times \frac{b \times 3}{B} \times \frac{c}{C}}{5} \times \text{斟酌率}$$

大会社 0.7
中会社 0.6
小会社 0.5

(2) 類似業種比準方式

「類似業種比準方式」は上場企業の株価をもとにして、自社株を評価するものです。具体的には、株式を評価する会社と業種が類似した上場企業の株価をもとに、「配当金額」「年利益金額」「純資産価額」を比準させて株価を算出します。

この類似業種の上場企業の情報は、通達として国税庁から発表されますので、その数字を使用します。

計算式は上のとおりです（図4－1）。

比準要素である「配当金額」「年利益金額」「純資産価額」の金額が高くなればなるほど、株価が高く評価されるということです。もちろんその逆で低ければ低い評価額となります。ここで着目すべき点は「年利益金額」は3倍にして計算していることです。

つまり、類似業種比準方式による評価額は「年利益金額」に大きく影響を受けるということです。「年利益金額」が低くなった場合にはその分、株価も下がるということになります。

(3) 併用方式

「純資産価額方式」は評価のうえで財産的な裏付けがあるため、基本的な評価額となります。

「類似業種比準方式」は上場企業の株価から株価を評価するため、比較的大きな会社の株価評価に適しているといえます。

そのため、財産評価基本通達では「会社の規模」を「大」「中の大」「中の中」「中の小」「小」の5つに分け（97ページ 図4－2）、それぞれの区分に応じて、「純資産価額方式」と「類似業種比準方式」により算出した評価額を併用する「併用方式」を定めています。

「純資産価額方式」は基本的な評価額となりますので、どの区分においても有利であれば、いずれか低いほうを選択することができます（99ページ 図4－3）。

「類似業種比準方式」による評価額は、評価時期の直前期の「利益金額」に大きく影響を受けます。配当の支払もなく、利益が落ち込んだ事業年度の後は「類似業種比準方式」による評価額はかなり下がっているはずです。

従業員数	年間の取引金額		
	卸売業	小売業 サービス業	左記以外
100人以上			
50人超	80億円以上	20億円以上	20億円以上
50人超	50億円以上	12億円以上	14億円以上
30人超 50人以下	25億円以上	6億円以上	7億円以上
5人超 30人以下	2億円以上	6,000万円以上	8,000万円以上
5人以下	2億円未満	6,000万円未満	8,000万円未満

第2次判定　②どちらか**上の**区分

図4-2 会社規模の判定

会社の規模とLの割合	総資産価額（帳簿価額）		
	卸売業	小売業 サービス業	左記以外
大会社	20億円以上	10億円以上	10億円以上
中会社の大 L＝0.90	14億円以上	7億円以上	7億円以上
中会社の中 L＝0.75	7億円以上	4億円以上	4億円以上
中会社の小 L＝0.60	7,000万円以上	4,000万円以上	5,000万円以上
小会社	7,000万円未満	4,000万円未満	5,000万円未満

第1次判定　①どちらか**下の**区分

一方、「純資産価額方式」による評価額は、一時的な利益の落ち込み程度では下がらないことが多いです。つまり「類似業種比準方式」の評価額を多く採用できる、会社規模の大きい会社ほど、その株価は利益に連動するということです。

ただし注意すべき点は、配当の支払もなく、年利益金額も損失の期が連続するなど一定の要件を満たした場合、後述する「特定の評価会社比準要素1の会社」(↓103ページ)に該当し、違った評価額になるということです。

③特定の評価会社

「原則的な評価方式」を採用した場合、財産評価基本通達では、資産の保有状況や会社の現況から、特殊性のある会社等については「特定の評

図4-3 会社規模による評価方法の適用

<table>
<tr><th colspan="4">区分</th><th>評価方法</th></tr>
<tr><td rowspan="6">一般の評価会社の株式</td><td rowspan="5">原則的評価方式</td><td colspan="2">大会社</td><td>・類似業種比準方式
・純資産価額方式
} いずれか低いほう</td></tr>
<tr><td rowspan="3">中会社</td><td>大</td><td>類似業種比準方式×0.9＋純資産価額×0.1</td></tr>
<tr><td>中</td><td>類似業種比準方式×0.75＋純資産価額×0.25</td></tr>
<tr><td>小</td><td>類似業種比準方式×0.6＋純資産価額×0.4</td></tr>
<tr><td colspan="2">小会社</td><td>● 純資産価額方式
○ 併用方式
：類似業種比準価額×0.5＋純資産価額×0.5
いずれか低いほう</td></tr>
<tr><td colspan="3">特例的評価方式</td><td>配当還元方式（原則的評価方式も選択可）</td></tr>
</table>

（注1） 類似業種比準価額よりも純資産価額（20％の減額をしない金額）が低ければ、純資産価額による。

（注2） 持株割合（議決権の割合）が50％以下の株主グループの場合は、純資産価額80％とする。

（注3） 配当還元価額よりも原則的評価方式による評価額のほうが低ければ、原則的評価方式による。

価会社」として、それぞれ別段の評価方法が定められています。

(1) 株式保有特定会社(持株会社)

持株会社等、会社の総資産のうち、保有する株式および出資価額の割合が多い(50%以上)場合には、その株式および出資の評価額を会社の株価に大きく影響させることが実態に則しています。

そのためその評価方法は、資産の評価額をもとに計算する「純資産価額方式」や、折衷方式である「S1+S2方式」に限定されます。

【判定】

課税時期における資産の相続税評価額の合計額のうち株式および出資の価額(相続税評価額)の合計額が占める割合が50%以上

【評価方法】

純資産価額方式

Ｓ１＋Ｓ２方式（会社の資産をＳ１「株式等以外の資産」とＳ２「株式等」に分け、Ｓ１「株式等以外の資産」については原則的な評価方法、Ｓ２「株式等」については純資産価額方式により評価する方法）

（2）土地保有特定会社

会社の総資産のうち、土地の評価額の割合が多い（70～90％）場合には、その土地の評価額を会社の株価に大きく影響させることが実態に則しています。

そのため評価方法は資産の評価額をもとに計算する「純資産価額方式」に限定されます。

図4-4 土地保有特定会社の判定表

会社区分			土地保有割合
大会社			70%以上
中会社			90%以上
小会社	小売・サービス業	総資産10億円以上	70%以上
		総資産4000万円以上10億円未満	90%以上
	卸売業	総資産20億円以上	70%以上
		総資産7000万円以上20億円未満	90%以上
	その他	総資産10億円以上	70%以上
		総資産5000万円以上10億円未満	90%以上

【判定】

課税時期における資産の相続税評価額の合計額のうち土地等（相続税評価額）の合計額が占める割合が一定割合以上（図4－4）

【評価方法】

純資産価額方式

（3）比準要素1の会社

「類似業種比準方式」では、「配当金額」「年利益金額」「純資産価額」の3つの比準要素を使います。配当を出していない、損失の期が連続しているなど、3つの比準要素のうち2つが使えなくなると、比準することの意味が薄れます。

そのため「併用方式」においては会社の規模に関係なく「類似業種比準方式」の割合が25％に抑えられます。

【判定】

直前期および直前々期において、いずれの期も類似業種比準方式の「配当金額」「年利益金額」「純資産価額」の3つの比準要素のうち2つが「0」

【評価方法】

純資産価額方式

類似業種比準方式×0・25＋純資産価額方式×0・75

有利なほうを選択

他に「比準要素0の会社」「開業3年未満の会社」「開業前または休業中の会社」「清算中の会社」などがあります。

これらの会社の評価方法は、「純資産価額方式」となります。

「比準要素0の会社」は、「配当金額」「年利益金額」「純資産価額」のいずれも0の会社です。

せっかく役員退職金を支給しても……

役員の退職金、特に代表取締役の退職金は、会社の費用としてはかなり高額なものになります。高額な役員退職金を計上した事業年度は利益がかなり圧縮されますので、その直後において株価もかなり下がります。しかし類似業種比準方式の特質上、株価は翌期以降に早い段階でもとに戻ります。タイミングを逃さないことが大切です。

また、役員退職金は否認されないよう、注意が必要です。役員退職金が否認されると、自社株の評価額も変わってしまいます。

特に代表取締役社長から、非常勤の取締役会長になられるときに支給される、いわゆる分掌変更による役員退職金が否認されるケースが多く見受けられます。

通達には分掌変更による役員退職金について、役員報酬の減額など具体的な記載がありますが、あくまでも例示に過ぎず、最終的には会長が会社の経営上主要な地位を占めているかどうかにより判定されます。

生命保険で利益を圧縮する方法

生命保険も、保険料として損金に計上される部分については、利益を圧縮するため自社株の評価額は下がります。

ただし生命保険は毎期支払っていくものなので、役員退職金のように、

1期のみ大きく株価が下がるものではありません。しかし毎期の利益を圧縮することになるので、毎期の株価を抑える効果はあります。

暦年贈与を使って、自社株を後継者等に移転していく場合に、その効果を発揮します。

含み損を抱えた資産の売却・除却

会社の資産に、含み損がある資産はないでしょうか。バブル時に購入した土地等は、かなりの含み損があるはずです。その土地を処分すれば、多額の損金を計上することができます。

オーナー社長が買い取ることができれば損出しをして、会社は社長からその資産を賃借することにより、使用を続けることもできます。

その資産が不動産であれば、社長の保有する現預金が不動産に変わりますので、相続時には不動産の評価減も期待でき、相続税対策にもなります。

不良債権等は貸倒れ処理します。ただし法人税法上の貸倒れの要件を満たしていなければなりません。不良在庫は売却や除却(じょきゃく)をします。

第5章

実践
自社株対策②

株の性質をコントロールする

自社株で悩んでいるオーナー社長の大半は、株価が高騰している場合がほとんどです。したがって、その悩みを解決するために、株価が下がる対策をとります。

しかし、「株価が下がる」ことだけに固執するのではなく、自社株を後継者に移すにあたり「経営権を１００％持ちながら、移すべき株の割合を少なくする」ことができるとしたら、選択肢が広がるのではないでしょうか。

たとえば株価が30億円だったとして、これを１００％承継しようとすると大変ですが、30％だけ承継すれば会社を継ぐことができるとすればどうでしょう。

種類株式を活用すると、こういったことが可能になります。

それでは種類株式とは何かを説明する前に、そもそも株とはどんなものなのかをご説明しましょう。

株主の権利とは何か？

会社の株には次のような権利が含まれています。

①議決権：株主総会に参加し、発言、質問、決議をする権利
②配当請求権：会社の利益を配当金として分配するよう請求する権利
③残余財産分配請求権：会社が解散する際、残った財産の分配を請求する権利

株主にはさまざまな権利がありますが、この3つが主要な権利といわれています。

これらの権利から派生し、株主には会計帳簿の閲覧請求権や株主総会を招集する権利といった、さまざまな権利が認められています。

さて、これら3つの権利はすべて社長が承継すべきものでしょうか。

たとえば、「配当請求権」ですが、配当金は、法人税を支払った後の税引き後利益から出さなくてはなりません。さらに配当金を社長が受け取れば、他の所得と合算され税金がかかります。

社長が所得を増やしたいのであれば、会社の税引き前の利益から支払える役員報酬を選択するはずです。「配当請求権」はこのような意味から、社長にはあまり必要のない権利といえます。

続いて「残余財産分配請求権」。自社株対策を検討する会社には「100年企業になりたい」と希望されるオーナー社長の方々が非常に多く含まれます。

事業を継続したいから自社株の対策を行い承継するのであり、解散なんて少しも考えていません。よってこちらも不要な権利といえます。

株が分散すると揉め事の原因になるため、後継者に集中させなくてはならないとお話ししてきました。しかし、このように考えると、株の権利において後継者が承継する必要があるのは、「議決権」だけといえます。

この考え方を受け入れてもらうことができれば、株を100%承継しなくてはいけないという固定観念から解放されるのではないでしょうか。

株の50%、あるいは30%でも、議決権のないものを他人に渡せば、それだけ承継の金銭的負担を減らすことができます。
後継者は議決権だけ100%承継できていれば、経営のリスクの少ない承継ができたといえます。

種類株式の性質

さて、前述したような株の渡し方をするためには、種類株式の活用が必要です。会社法では、第108条1項各号で、9種類の種類株式の性質を用意しています。内容は表のとおりです（図5-1）。

表の内容のほか、補足が必要と思われる4つについて、簡単に説明します。

図5-1 種類株式は9つの性質がある

各号	種類株式	内　容
1号	剰余金の配当についての種類株式	剰余金の配当について、他の株式よりも優先又は劣後する株式
2号	残余財産の分配についての種類株式	残余財産の分配について、他の株式よりも優先又は劣後する株式
3号	議決権制限株式	株主総会において議決権を行使することができない株式
4号	譲渡制限株式	株式の譲渡について承認を要する株式
5号	取得請求権付株式	株主が会社に対し、株式の取得を請求できる株式
6号	取得条項付株式	会社が株主に対し、株式の償還を請求できる株式
7号	全部取得条項付株式	一定の財産の給付と交換に全株主の財産を取得する株式
8号	拒否権付株式	株主総会および取締役会決議事項について拒否権を有する株式
9号	役員選任種類株式	株式の種類ごとに役員を選任する株式

5号「取得請求権付株式」

これは、プット・オプションと呼ばれるものです。株主が会社に対して、保有する株式の買い取りを請求できる権利がついた株式のことです。

2015年、トヨタ自動車が、安定株主を増やす目的でプット・オプションを入れた種類株式を国内投資家向けに発行しています。

プット価格は当時のトヨタ自動車の株価で、これにより元本が保証されていることになります。またこの株は5年間売却ができませんが、5年後にプット・オプションを行使する際は、対価として現金あるいはトヨタ自動車の普通株式を選択できます。

仮にトヨタ自動車の株価を6千円とします。業績を上げ、5年後に株価が1万2千円になったとすると、プット・オプションを行使し普通株式を選択すると、倍の株を手に入れることができます。

逆にリコール等で株価が3千円に落ちてしまった場合は、対価として現金を選択します。すると、6千円が現金で返ってきます。かつ投資家はその間、5年間配当ももらっているため、絶対に損をしません。元本保証で利回り確約という商品です。

5号を使うと、このような株式の設定もできます。

6号「取得条項付株式」

これはコール・オプションといいます。一定の事由が生じたことを条件として、株主の同意を必要とせずに、会社が強制的に取得することができる株式のことです。

一定の事由とは、株式の公開、新株の発行に加え、会社が定める日の到来等、定款で幅広く定めることができます。

この取得条項付株式は、事業承継のスムーズな推進に活用できます。会社側からコールを掛ければ、会社に株が戻ってくる仕組みで、5号と逆の発想です。こちらも対価は普通株式、現金どちらでも設計できます。ただし取得条項の設定、修正には全株主の同意が必要になります。

7号「全部取得条項付株式」

これは100％減資をするための株式です。

100％減資とは、負債が増え再建が必要な会社が、株主の価値をゼロにする手続きです。発行している株式に「全部取得条項」を入れ（3分の2の決議で可能）、同時に取得の決議をします。

純資産がマイナスであるため、無償で株を取得することが可能です。それにより、それまでの株主が全員いなくなり、新たなスポンサーのもとで再建を進めていくことが可能になります。

9号「役員選任種類株式」

これは合弁会社をつくるようなケースで使えます。

たとえば、A社とB社が出資し合弁会社X社が設立されたとします。株の出資割合はA社：B社＝51：49です。この比率を見ると、常に過半数を持っているA社の判断が通ることになります。役員を10人選任しようとすれば、A社の判断で10人決められます。

しかし51対49で、A社が全役員を決めるとバランスが悪いので、「役員選任種類株式」を使って、次のようにします。役員については、A社はA種類株式として5人役員を選任、B社もB種類株式として、49％でも5人役員を選任できるようにします。こうすることで役員について平等な選任ができます。

会社法では、この1～9号までの性質を自由に組み合わせて株を設計することができる、としています。事業承継の局面では、経営者のニーズに応じて株を設計します。

次項からは、どんな株式を設計し活用するかを、具体例を挙げて説明していきましょう。

完全無議決権株式の活用

「完全無議決権株式」とは議決権のない株のことです。

図5-2 G社の株主構成

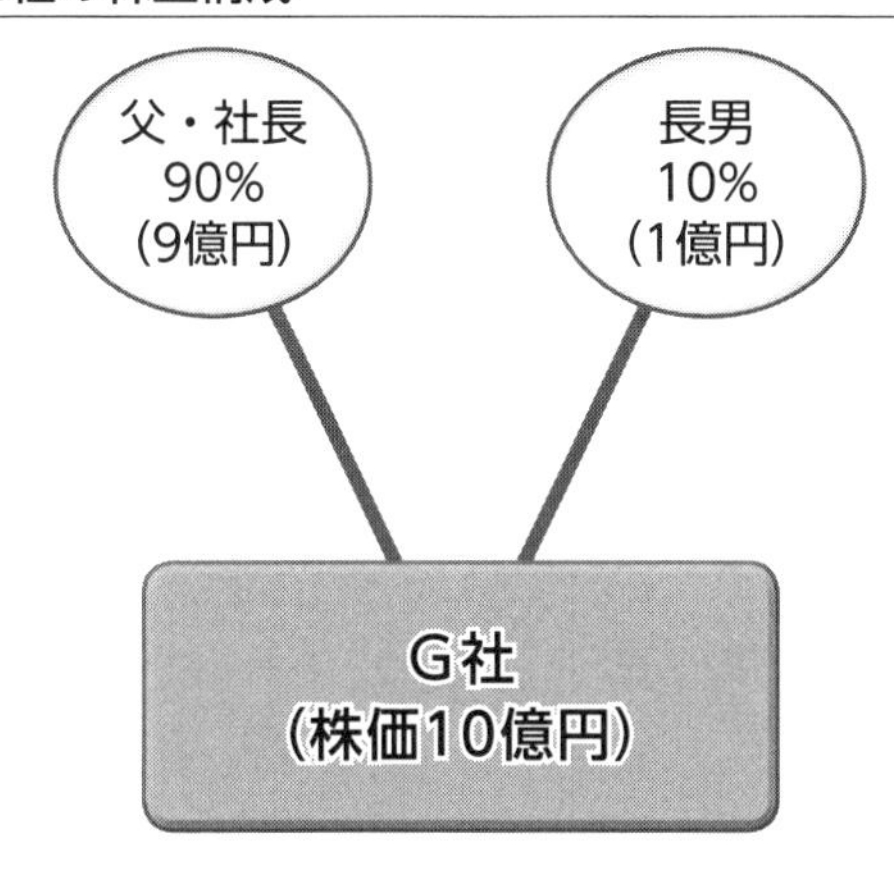

種類株式の性質1号、3号、4号、6号を組み合わせて設計します。これを活用することで、すべての株を承継せずとも、事業承継を完了させることができます。

例として、次のような会社があったとしましょう（図5-2）。

G社
株価：10億円
株主構成：父・社長が90％（資産価値9億円）、長男10％

社長が持つ90％の株を、完全無議決権株式に変更します。これにより長男の10％の株が100％の議決権を持つことになります（図5-3）。

こうすると招集通知（株主総会を行う際、事前に参加者へ招集案内を行うもの）ですら、社長には出さなくていいという取扱いになります。

会社法は株主総会を行う際、公開会社であれば2週間前、非上場会社では1週間前に召集通知を出すよう書いていますが、招集通知を出す相手は、〝議決権を行使できる株主〟としています。

社長は90％の株を持ちますが、完全無議決権株式になっているため、議決権を行使できる株主ではありません。よって、招集通知も必要ありません。つまり、求められない限り会社の情報を渡さなくてよいという状態になります。

図5-3 完全無議決権株式の活用で100%の議決権に

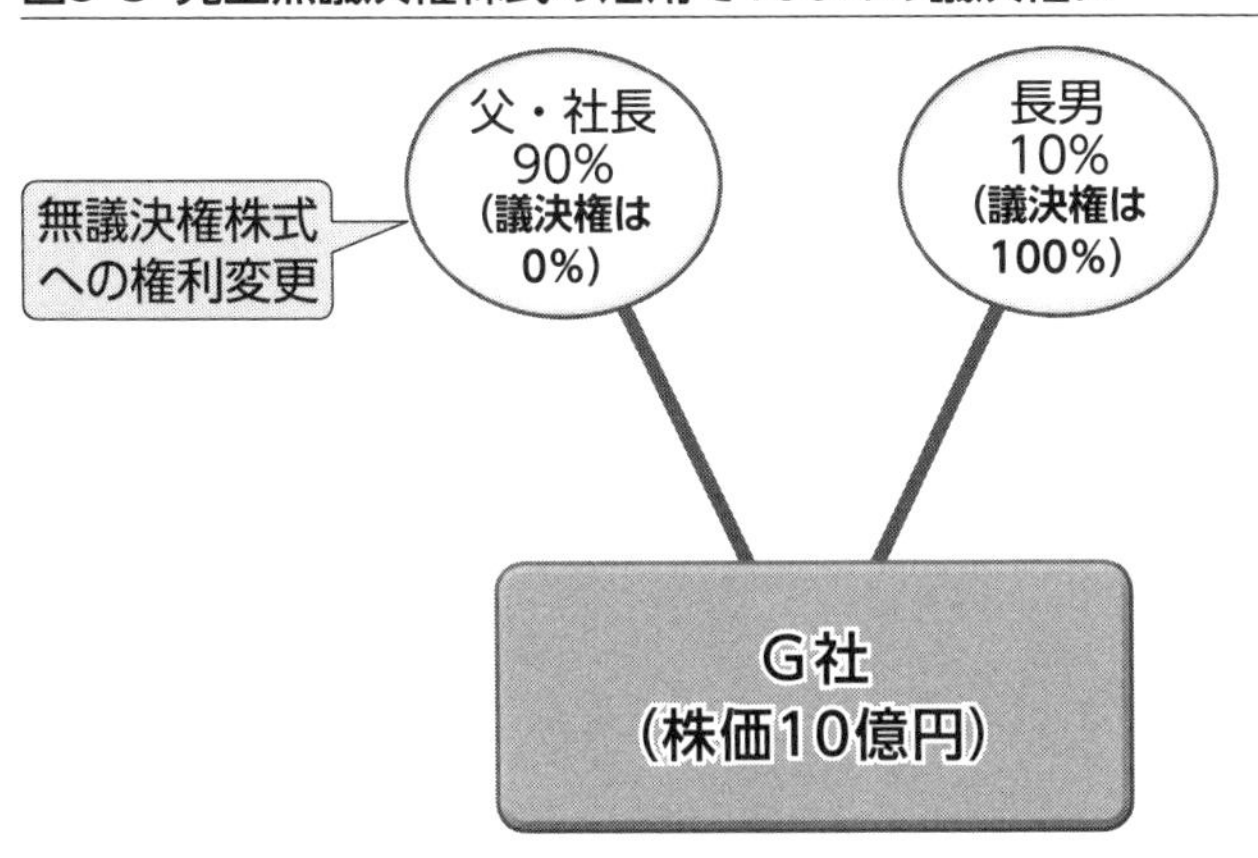

したがって、長男の判断で株主総会を省略することが可能です。省略は、署名をつくるだけでできるため、長男はG社の合併も、配当金についても、役員の選任解任もすべて決定できることになります。

こうして長男が自由にG社を経営できる状態をつくれれば、会社法上の支配権の承継はこれで完了です。

相続税の問題について

しかし、事業承継では支配権の承継だけではなく、相続税も大きな問題となります。このとき、社長の持つ90％の株の評価は9億円のままです。

２００７年、中小企業庁が国税庁に、完全無議決権株式の相続税法上の評価はどうすべきかと質問しています。国税庁の回答は「普通株式と同じ評価をしてください」というものでした。

したがって、議決権をゼロにしても株の評価は変わりません。

そのまま相続が起これば、非常に重い税負担が生じてしまうため、90％の株を社長の所有から外す必要があります。これには次の３つの方法が考えられます（図５－４）。

図5-4 株を社長の所有から外す3つの方法

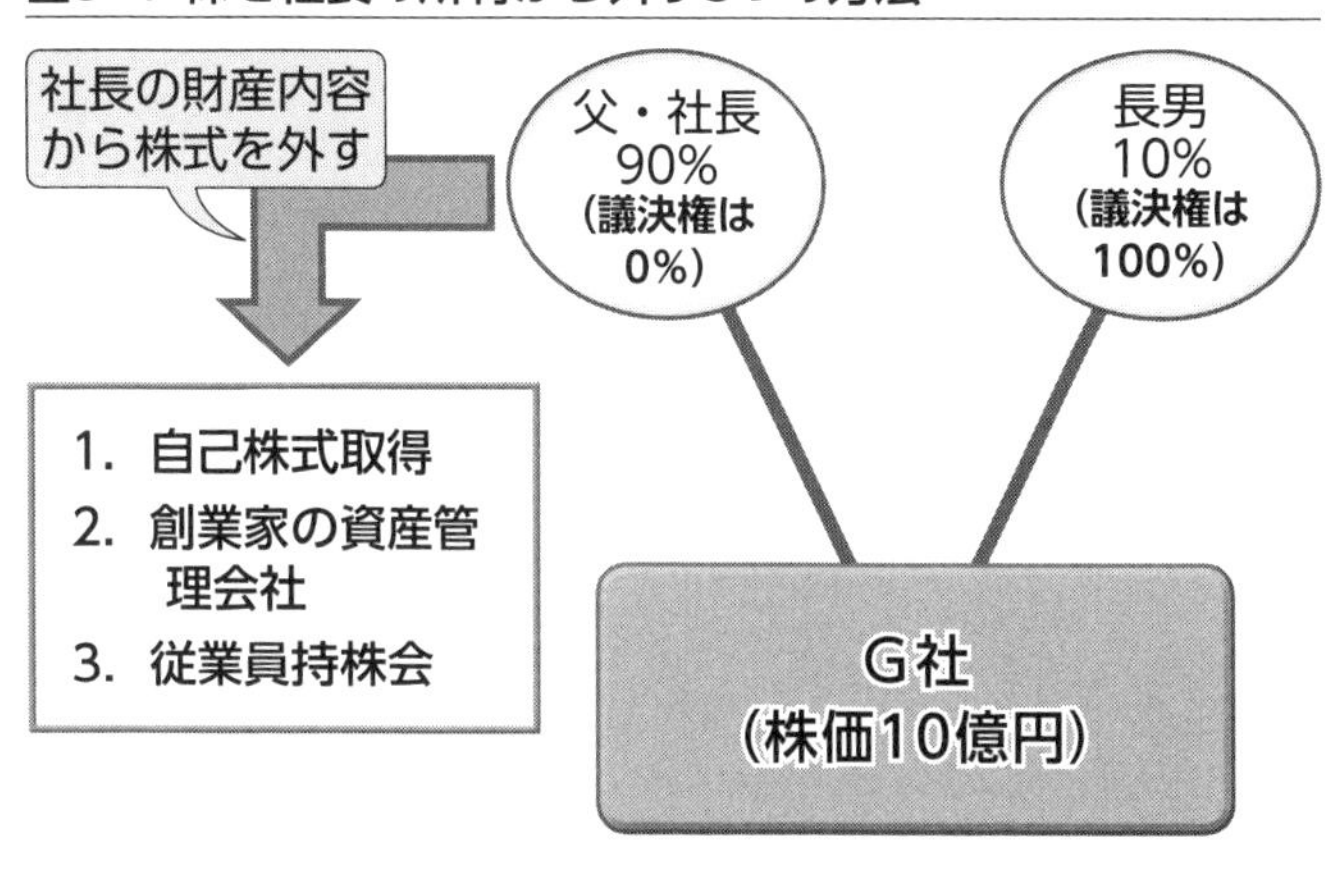

①自己株式(金庫株)にする

②創業家の資産管理会社に売却する

③従業員持株会をつくり、そこに株を持たせる

まず「**①自己株式(金庫株)にする**」ですが、これは使えるケースが限られます。金庫株にする場合、譲渡する金額は法人税法上の時価です。

法人税法上の時価というのは、

類似業種比準方式が50%しか使えず、残りの50%は時価純資産価額で計算をします。

したがって多くの場合、類似業種比準方式のみで計算した場合に比べ、株価が高くなります。

かつ対価として社長に9億円を支払わなければいけません。その9億円は、社長の出資額については資本の払い戻しとなるため、税金が発生しません。

しかし、それを超える部分については、税務上、配当とみなされ、役員報酬に上乗せされ総合課税となります。

資本金が1千万円で、社長の出資額が9百万円の場合、9億円を金庫株にすると、社長の他の所得と合算され、最高税率(55%)が課税されることになります。

株価が低い、あるいは資本金が何億円もする会社であれば、資本の払い戻しという形でお金を返すことができるため、金庫株は有効です。しかし、株価が高い会社では現実的な対応策ではないといえるでしょう。

つづいて「**②創業家の資産管理会社に売却する**」です。

これも良い選択肢ではありますが、法人税法上の時価がある点が問題となります。

株を売却した場合、譲渡所得については分離課税の20%でいいのですが、株価が高い場合、20%というのは、かなりの税コストです。株価が9億円であれば1億8千万円が税金となります。

税負担を軽減するには、社長に役員退職金を支給し、株価が下がってから譲渡するほうが、税負担が軽くすみますが、買取資金の準備方法もあわせて検討しなくてはなりません。

一番コストを低く抑えられるのが、「**③従業員持株会をつくり、そこに株を持たせる**」です。

なぜかというと、安く株を売ることができるためです。売却するのが完全無議決権の経営参加できない株かつ、従業員持株会自体がもともと経営参加できない組織です。そうした組織では、配当を出すほか株主の権利を実現する方法はありません。よって株価は配当還元方式という、配当をいくらにしているかによって算定する方法で計算します。


配当還元方式の場合、無配当の会社では、株価は1株あたりの資本金の半額です。したがって、資本金1千万円の会社で無配当の場合、全部合わせても株価が5百万円というケースも考えられます。

そんな単純な例は少ないですが、それでも、最も安く株を渡せることに違いはありません。

また、安く株を渡せること以外にも、従業員に株を渡すことで仕事に対するモチベーションアップにつながることもあります。そうした点でも、従業員持株会は有力な選択肢といえます。

「完全無議決権株式」のポイント

- 完全無議決権株式は、旧商法では全株式の50%までしか発行できなかったが、現在オーナー企業は制限なく発行することができる
- 株主総会にも呼ばなくていいなど、株主の権利を大きく制限できる
- 発行には全株主の同意が必要

取得条項付株式の活用

第6号、取得条項付株式の活用法です。先にコール・オプションと簡単に説明しましたが、これを活用することで、株の分散を防止し、また株の買い取り金額もコントロールできるようになります。

次のような会社があったとします（図5－5）。

H社

株価：10億円

株主構成：A社長70％、社員B、C、Dが10％ずつ

図5-5 H社の株主構成

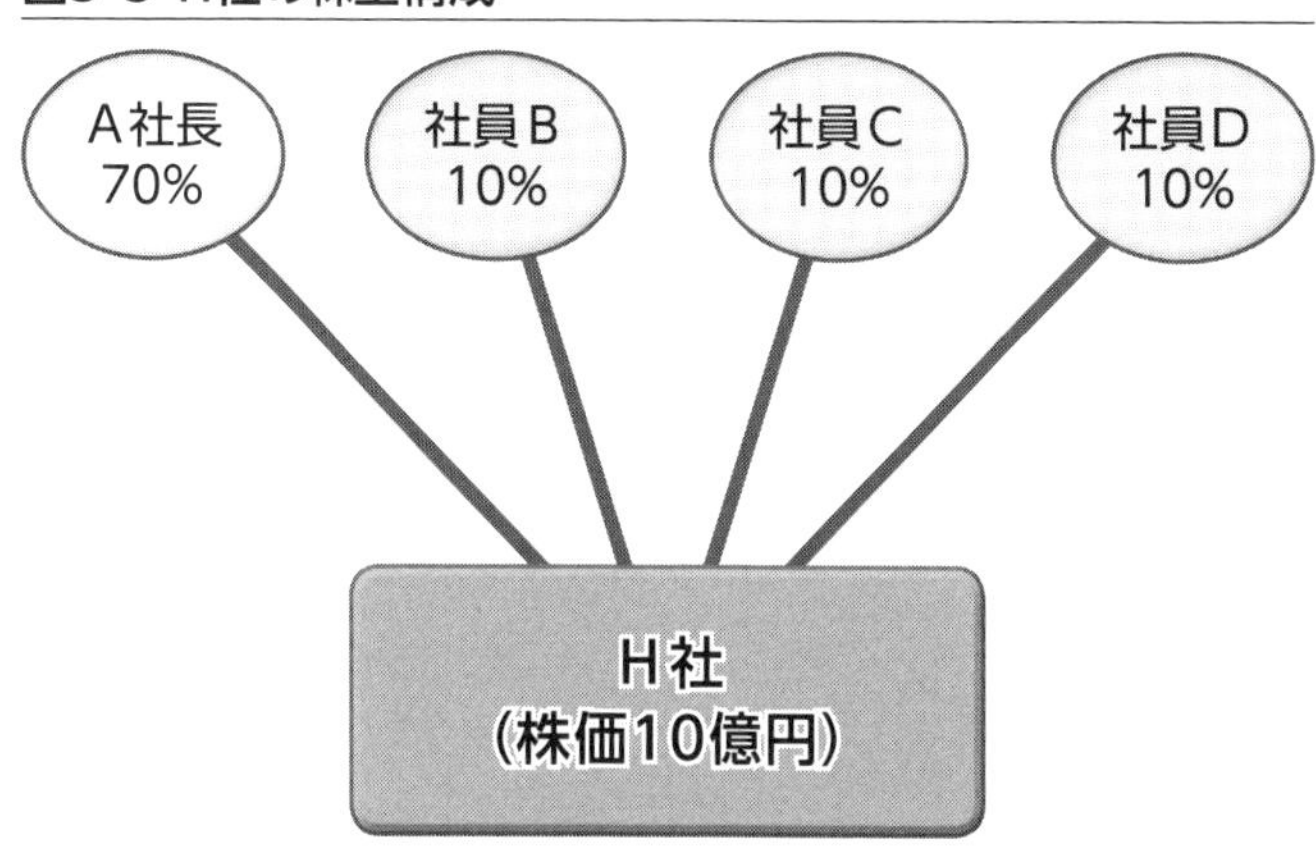

こうした状態で何もしなければ、社員B、C、Dが株を持ったまま退職してしまう可能性があります。

すると、いずれ相続が発生し、社員の家族に株が承継され、株主の名前もわからないという状況に陥ることも考えられます。何も対策をしなければ、株主を管理することも困難になるのです。

そうなる前に、社員3名が持つ株をいかに分散させないようにできるかが重要です。

そこで、「**取得条項付株式**」が活躍します。

まず社員3名に、「退任時に株を返還する」という取得条項をつけることを承認してもらう必要があります。株が分散しては経営が混乱するため、退任時に会社に返してほしい、その代わり退職金もきちんと用意しているということを伝えるとよいでしょう。

そして取得条項として、「退任退職」を取得事由に定めます。

取得する価格については、社員が持つ株であるため、「配当還元価格で買い取る」ということも条項に入れておきます。無配当であれば資本金の半額で、資本金の10%まで配当している場合は、資本金の額で買い取ることになります。

さて、社員が退任すると、株はH社に返還されます（図5-6）。

図5-6 取得条項付株式で株の分散を防ぐ

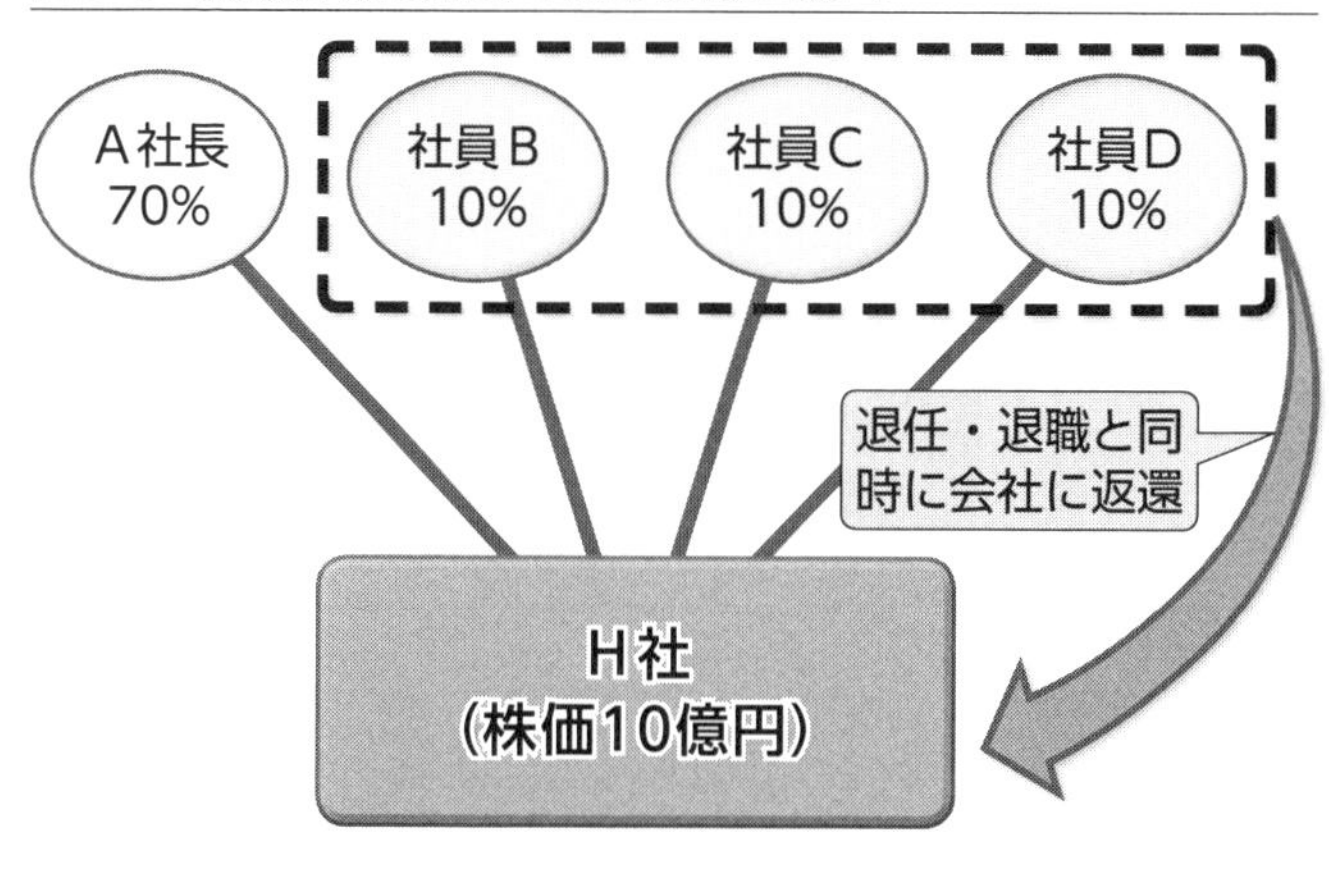

返還されたら、社員の給与支払口座に代金を振り込みます。社員へは、「取得条項の事由が発生したため、当社が株式を買い取ります。ついては対価として金○○円を給与支払口座に振り込みます」という通知を送付します。これで買い取りが完了します。

このケースでは、まず社員3名の承認が必要だったように、取得条項を入れるには全株主の同意が必要になります。

このような同意の手間を避けるためには、創業家一族だけで株を持っているうちに「取得条項付株式」を入れておけば、もともとそういう株だとして従業員に渡すことができ、その後の手続きがよりスムーズになります。

「取得条項付株式」のポイント

- 「取得条項付株式」は、株の分散防止、買い取り時の金額をコントロールすることができるなど非常に強い権利を持つ
- 取得条項の修正には全株主の同意が必要。仮に完全無議決権株式で議決権を外した株主がいたとしても、同様であることに注意

黄金株を活用する

最後に黄金株について説明します。

これは株主総会などの決議に対し拒否権を行使できる株で、種類株式の性質1号、4号、6号、8号を組み合わせて設計します。

これを活用することで、後継者に株を渡したあとも現社長は最終的な経営権を保ち続けることができます。

急激に後継者へ経営権を承継させようとすると、会社が混乱してしまうケースも多く見られるため、経営権を徐々に承継させる方法として、完全無議決権株式や、株式の贈与、譲渡を使うことがあります。

その際社長に黄金株を1株発行すると、株主総会と取締役会の決議事項のうち、必要な事項について拒否権を設定することができるのです。

これにより、後継者が100%の議決権を持ったとしても、役員選任議案、代表取締役選任議案等について、現社長が拒否権を行使することができます。

現社長が首を縦に振らない限り、重要な決議ができませんので、現社長はすべての議決権を手放したあとも、最終的な経営権を保ち続けることができます。

その後、後継者の経営手法が軌道に乗り、従業員も後継者を信頼して仕事に励むようになれば、社長の持つ黄金株を会社に戻して消滅させます。その後は、名実ともに後継者が経営者となります。

また、返還する際も単純に会社に戻すほか、取得条項をつけ、自動的に抹消させる仕組みを入れることもできます。

たとえば、取得条項を「社長の退任」としておけば、息子に任せて何の問題もないと感じたときに退任すると、黄金株が自動的に会社に取得されます。その対価は会社規模に応じた原則評価方式で計算され、社長に支払われます。

あるいは取得条項を「相続の発生」とします。相続で黄金株が社長の奥様に渡ると大変なことになるため、相続が始まったら自動的に黄金株が消滅する取得条項を入れるのです。こうすると相続財産の一覧に黄金株は記載されずに、対価だけが現金として記載されます。

「黄金株」のポイント

・議決権をすべて後継者に渡したあとも、拒否権を持つことで経営に関与することができる

・発行には全株主の同意が必要

ニーズに合わせた種類株式の活用

種類株式について、社長のニーズによって組み合わせて設計するとお話ししてきました。事業承継ではどんなニーズがあるのか、ニーズによってどのように種類株式を活用するのかを最後にご紹介しましょう。

I社

兄弟2人で50％ずつ株を保有していた。会社は長男が継ぎ、次男は経営から退くことに。次男が持つ50％は、今後紛争の種になるため集約したい。しかし株価は数億円にものぼり、買取資金もなく買い取りによる税負担も心配。

↓「第6号 取得条項付株式」を活用し、一定の条件のもと、株を自動的に取得できるようにする。対価は「配当還元方式」と定めておく

J社

叔母（経営に不参加）が約30％の株を保有している。会社を長男に承継するにあたり、叔母の家族から経営に口出しされては困るが、叔母の生活維持のために、株を活用して生活費等を支援したい。

↓第1、3、4、6号を組み合わせた「完全無議決権株式」にして、経営参加はできないが配当を得られる株にする。また、叔母の相続発生時に株を取得できるよう「取得条項」をつけておく

K社

後継者は決まっているが、本人に技術がない。会社の存続にとって重要なのは技術力。会社存続のためにも、社員には承継後も後継者を応援してもらいたい。

↓J社と同様に「完全無議決権株式」を活用。承継により社員のモチベーションが下がらないよう、株をインセンティブとして活用する

L社

資産管理会社で約35％の株を保有し、残る65％は社長が保有。社長へは役員報酬として十分な額を支払っているため配当の必要はないが、資産管理会社には、資産管理のために配当をして剰余金を移していきたい。

↓第1号を用い、社長と資産管理会社それぞれの配当の割合を定める

第6章

実践
自社株対策③
一般社団法人は活用できるか？

この章では、最近話題になっている一般社団法人を活用した、自社株対策についてご紹介しましょう。

一般社団法人は、退職金支給や組織再編で株価をコントロールするケースや、種類株式を使ったケース、どのパターンでも最後の〝一味〟をつけるための活用が考えられます。

なぜかというと、一般社団法人については「相続税課税がされない」という特性があるからです。

通常、株式会社に10億円の現金があれば、その株式の価値は少なくても10億円です。つまり株主は10億円の資産を持つことになります。

一方、一般社団法人は株式に対応する持ち分がないため、法人に現金が10億円あったとしても、法人を支配する社員が10億円を持っているとはみなされません。

このことに着目し、一般社団法人に資産を集めたとしても相続税課税を受けなくてすむということであれば、相続や事業承継に使えるのではないかという議論がなされています。

一般社団法人とは？

そもそも一般社団法人とは、いわゆる紳士クラブで、人の集まりに法人格を与えたものだといわれています。

たとえば、経済的に余裕がある人々が、地域をより良くするために集まり、団体を結成したとします。その後さまざまなイベントや地域の開発を行おうとした場合には、銀行口座が必要になります。他にもクラブの運営のため、事務所を建てたり不動産を所有したりしたいという場合も、単なる団体のままでは代表者個人が所有者として資産を保有しなければなりません。

代表者が変わる可能性や、その都度、登録免許税を支払わなければならないなどの問題を考えると、法人格がないと団体の運営が非常に不便です。そういう場合を想定して、法人格を与えたほうがいいという経緯でできたのが、一般社団法人です。

これがさらに公益的な活動を行う団体となれば、公益社団法人となります。公益社団法人になれば公益事業をしなければなりませんが、一般社団法人にはそうした制限がありません。資産や株を管理させてもよく、かつ持ち分もないため、代表者や社員（以下、理事）が亡くなったとしても、相続税の課税を受けることがありません。

個人が所有する資産の管理や、オーナー企業の株式の管理を夫婦で行いたいというニーズは非常に多くあります。

一般社団法人は理事が2名以上いれば設立することができるため、夫婦で設立することも可能です。設立手続きについても、資本金の払込も不要のため、実は株式会社よりも簡単に設立することができます。

また、一般社団法人は人の集まりに法人格を与えたのがスタートであるため、人が集まっていることに意義があります。

したがって、誰がいくら費用を負担するかは関係なく、1人につき一議決権というのが原則的なルールです。株式会社のように、持分比率で権限が変わる制度とはまったく異なります。

また、公益社団法人とも異なり、一般社団法人の解散時には残余財産を理事へ戻すことができます。

一般社団法人のメリットと注意点

活用のメリット

税務面においては株式会社と同様の扱いで、法人税率は約35％です。現在強化されている個人の所得税、住民税の最高税率55％と比べると、その差は20％と非常に大きくなります。

その分、賃貸不動産等の収益物件を持つ資産家が、その資産を一般社団法人に持たせると、賃料収入に対する課税は軽くなります。法人税率が今後、国際標準の25％まで押し下げられた場合、さらに大きなメリットが得られる可能性があります。

また、持ち分がないことから、相続税課税を受けないという法律になっています。理事についても、自由に親族を選任できるため、所得を分散させることも可能です。不動産を持たせた場合の減価償却等のルールも株式会社と同様のため、デメリットは特にありません。このようなことから、相続や事業承継で一般社団法人の活用が有効ではないかと注目されています。

注意点

資産税や事業承継の専門家の中では、数年前からこうした一般社団法人の活用についての勉強会や講習会が積極的にされています。

しかし「現行のルールでは課税されない」ということであり、今後法改正がされる可能性があるという点は注意が必要です。

メリットがあるからと、多くの富裕層が一般社団法人を活用するようになれば、当然法改正によって課税が想定されます。

さらに、一般社団法人は相続税課税を受けませんとお伝えしましたが、相続税がかからないのであれば、多くの富裕層の誰もが一般社団法人に資産を入れたいと考えます。

しかし、資産を贈与した際、一般社団法人を「人」とみなして贈与税課税をするというルールが、租税回避税制として設けられています。安く売れば、その分贈与ということになり、たとえば一千万円のものを百万円で売れば9百万円の贈与として、贈与税を支払うことになります。

さまざまな点を検討していくと、結局「一般社団法人は活用しない」という社長も少なくありません。やはり相続や事業承継は、種類株式や役員退職金という、確実なものを使って検討していくことが重要といえるでしょう。

ただし、一般社団法人は話題にもなっており、うまく活用すればメリットがあるかもしれない、知っておいて損のない制度です。選択肢の1つとして記憶にとどめていただければと思いご紹介しました。

もし、活用を検討されるのであれば、専門家にご相談ください。

一般社団法人のまとめと活用

最後に一般社団法人が活用できる場面と、活用方法をご紹介します。

無議決権株式を持たせる

まず、第5章で紹介したような「無議決権株式を相続財産から外す」という場面が想定できます。従業員持株会に渡す方法をご紹介しましたが、「親族以外には株を持たせたくない」という社長もいることでしょう。

しかし無議決権株式を親族に承継しても、あまり意味はありません。

そこで、一般社団法人に無議決権株式を譲渡するという選択肢が出てきます。

後継者の選定

また、本当に優れた後継者は誰なのか、選定できる仕組みとして、この一般社団法人を使うこともできます。

後継者候補として、長男に株を渡したあとで後継者として適さないことが判明したとしても、株を戻すのに大変なコストがかかったり、返してもらえなかったりすることもあります。

このようなことを想定し、一般社団法人にいったん株を渡すことで、親族内外含め本当に優秀な後継者は誰かを見極めるという使い方です。

第7章

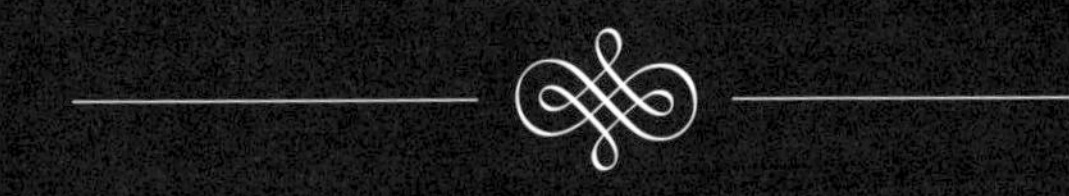

自社株対策成功のカギ 生命保険の活用

ここまで
「税務（第4章 実践 自社株対策①株価が下がるタイミングをつかむ）」

「法務（第5章 実践 自社株対策②株の性質をコントロールする）」

といった観点で、自社株対策についてご紹介してきました。

続いて「金融（生命保険）」の活用方法についてご紹介しましょう。


生命保険を活用すると、会社の存続にかかわるさまざまなリスクに備え、資金を準備することができます。これまでの対策は、ある程度後継者が決まっている、あるいは明確に決まっている場合にできることでした。

後継者が明確に決まっていない場合等は、はっきりするまで対策を打つことができません。

だからといって何も対策を打たないままオーナー社長に万一のことがあると、高額な相続税の支払いで遺族が窮地に立たされる、親族間の遺産分割で揉めるなどのリスクがあります。それを放置することはできません。

後継者問題の抜本的な解決にはなりませんが、生命保険を活用すると、得られる保険金を当座の納税資金や遺産分割資金にあてることができ、会社の存続にかかわる資金対策ができます。

最終的には後継者が選定されるわけですが、資金的な問題や親族間との争いなく承継できる環境が整うため、社長は安心して本業に専念できます。

保険を活用することで、これまでの対策の弱点を補い、さらに現実的な自社株対策が行えるようになるのです。

自社株の買取資金を準備する方法

オーナー社長の財産で、一般的に最も評価が高いものは自社株だといわれています。高収益企業では特にその評価が高くなっています。株は現金化することのできない財産である一方、その承継にあたっては相続税の支払いが必要です。

自社株対策を進めるさなかに、不測の事態が起こり、急に相続が発生しては大変です。高額が予想される納税資金の準備ができていなければ、後継者は最初から経営に専念できないなど、窮地に立たされてしまいます。

相続が発生した際、株を会社で買い取る仕組みができていれば、後継者はその資金で納税することができます。

【活用方法】

社長を被保険者とした保険契約を法人で締結します。

社長に万一のことがあった場合に、会社に支払われる保険金で、株の買取資金を準備します。後継者が社長から相続した株を法人で買い取れば、後継者はその代金で相続税を納税することができます（↓161ページ図7-1）。

また、この例のように相続した自社株を会社に売却した場合、申告期間から3年以内であれば後継者が受け取った代金は「譲渡所得課税（20％）」の対象となります（相続税の負担がある場合）。

これは、通常の自社株売却時の「みなし配当課税（最高55％）」よりも税制面で優遇されます。さらに、こうした保険に加入さえしておけば、死亡保険金を後継者以外が保有する株式の買取資金として活用することもできます。

解約返戻金が十分に貯まる商品であれば、前もって生前に会社が株を買い取るための資金とすることもできます（この場合はみなし配当課税されます）。

【メリット】

・保険を活用することで、状況に応じて使える資金を法人に残すこと

図7-1 自社株の買取資金を準備する

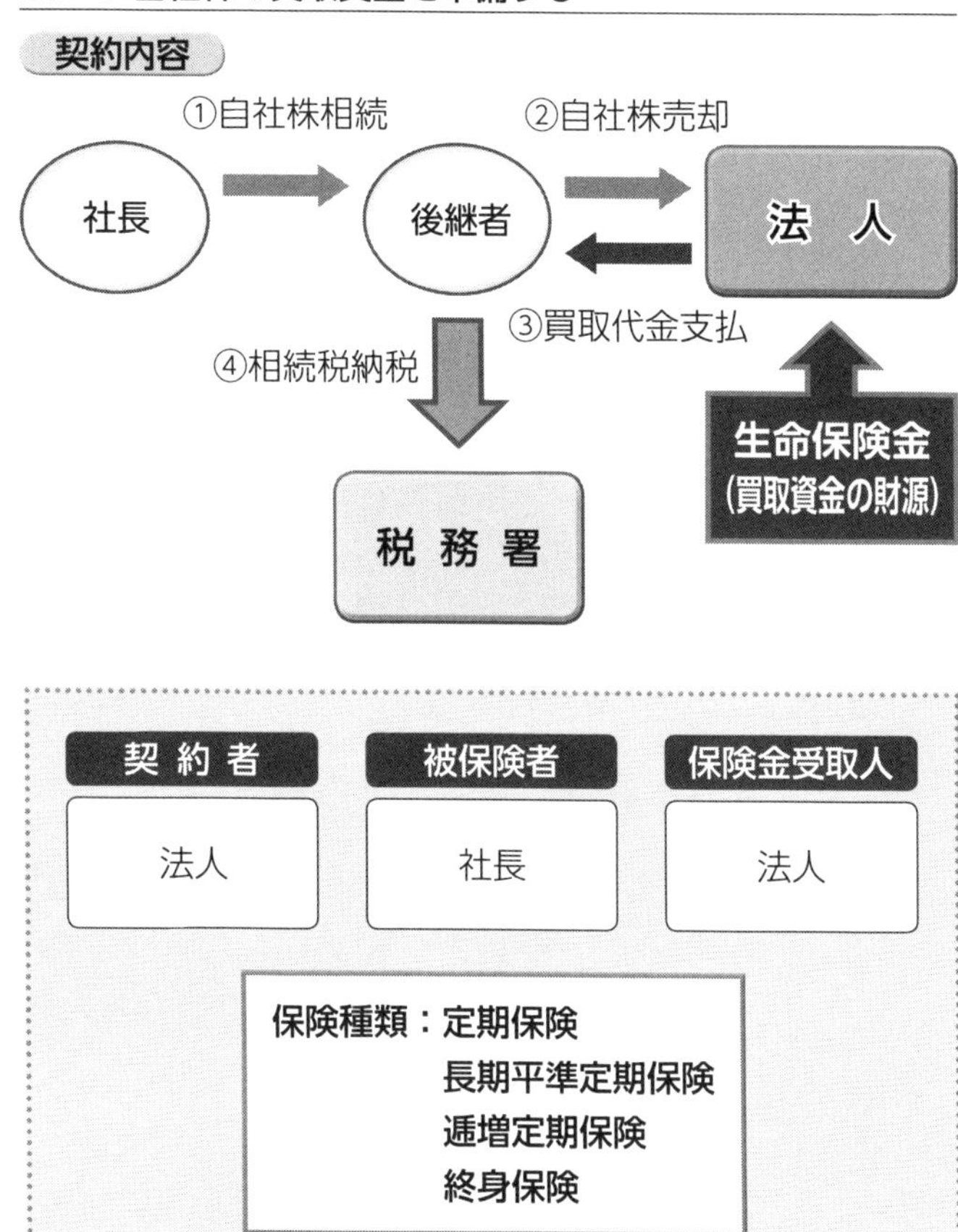

ができる

ただし会社で買い取ってもらった自己株式には、議決権がありません。そのため株主が複数いる場合には、その比率が変わることに注意が必要です。これは、見落としがちな重要なポイントです。特に親族以外が株主になっている会社については、細心の注意が必要になります。

たとえば発行済株式が１００株で、オーナー一族が80株（80％）、非オーナー一族が20株（20％）の場合に、オーナー一族が50株を自己株式として会社に買い取ってもらうと、オーナー一族30株（60％）、非オーナー一族20株（40％持ち株比率がアップ）となります。

つまり、オーナー一族が議決権の３分の２を確保できない状態になります（図７-２）。

図7-2 持ち株比率の変化

オーナー一族	80株(80%)
その他	20株(20%)
合計	100株(100%)

↓

オーナー一族	30株(60%)
その他	20株(40%)
合計	50株(100%)
自己株式	50株(議決権なし)

代償分割資金の準備

前述で自社株買取資金を準備する方法をご紹介しましたが、オーナー社長が亡くなったあと、誰が自社株を相続するか遺産分割協議がまとまらなければ、会社は自社株を買い取ることができません。

一般的に、オーナー社長の財産で最も評価が高いのが自社株だといわれているのは先ほどお伝えしたとおりですが、そのすべてを後継者に承継する場合、他の相続人との遺産分割のバランスを考えておかなければ納得してもらえないでしょう。

また後継者でない相続人が自社株を承継しても、相続税を支払うだけで、株主として配当が得られなければ、何らメリットはありません。

このような問題を解決する方法として、後継者がすべての株を承継する代わりに、他の相続人へ現金（代償金）を支払う方法があります。

円満に遺産分割をする方法として、社長の万一に備え、後継者が代償分割のための資金を受け取れる仕組みを考えておく必要があります。

ここで最も有効に作用するのが、「生命保険」です。

【活用方法】

社長を被保険者、保険金受取人を後継者とした終身保険に加入します。社長が亡くなり相続が発生すると、後継者である長男が、相続財産を受け取ります。

長男は受け取った保険金のうち、一部を代償金として次男に渡します。次男は自宅およびその他の財産を相続することで、遺留分についてバランスがとれることとなります（↓167ページ図7-3）。

こうすることにより、後継者には自社株と、納税のための資金。次男には現金を残すことができます。

【メリット】

・相続発生のタイミングで代償財産を現金で準備できる

ただし、前述のように高額な保険金（今回の事例は3億円）を受け取れる生命保険に加入するため、個人の可処分所得から保険料を支払うのは容易なことではありません。

次にご紹介する方法をうまく使うことで、退職時に生命保険を退職金としてもらうこともできます。

こうすることで、個人の可処分所得から保険料を支払うのではなく、保険料は法人で支払い、退職時に生命保険そのものを現物支給することで、代償財産を形成することができます。

図7-3 代償分割資金を準備する

契約内容

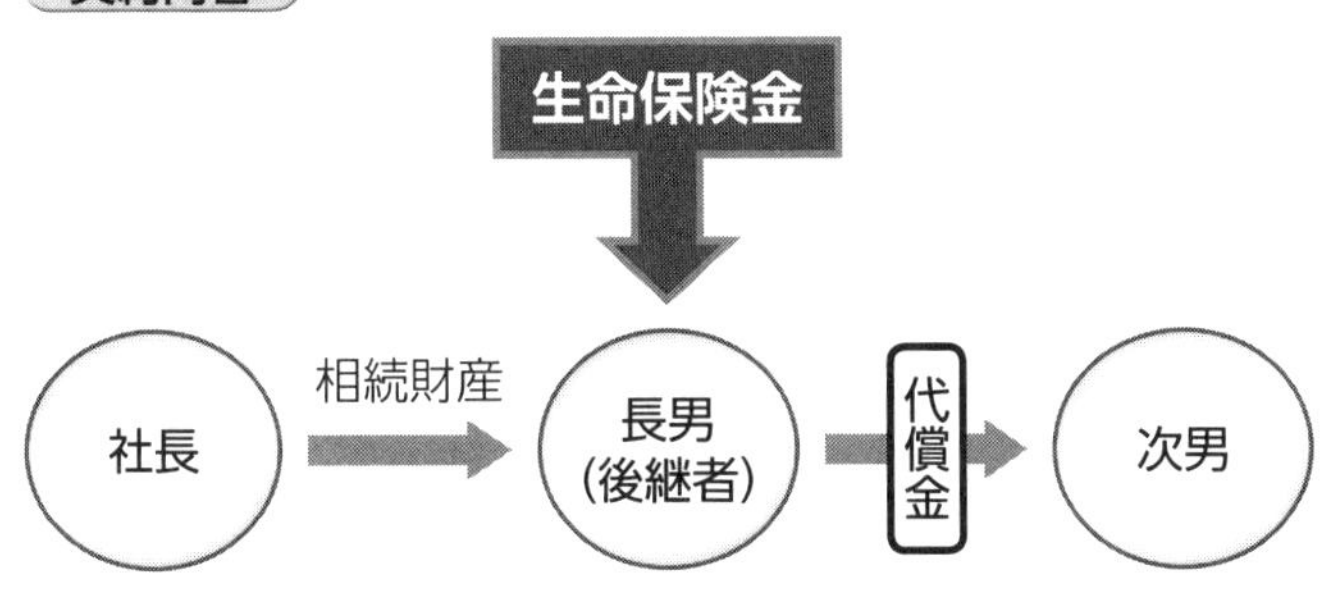

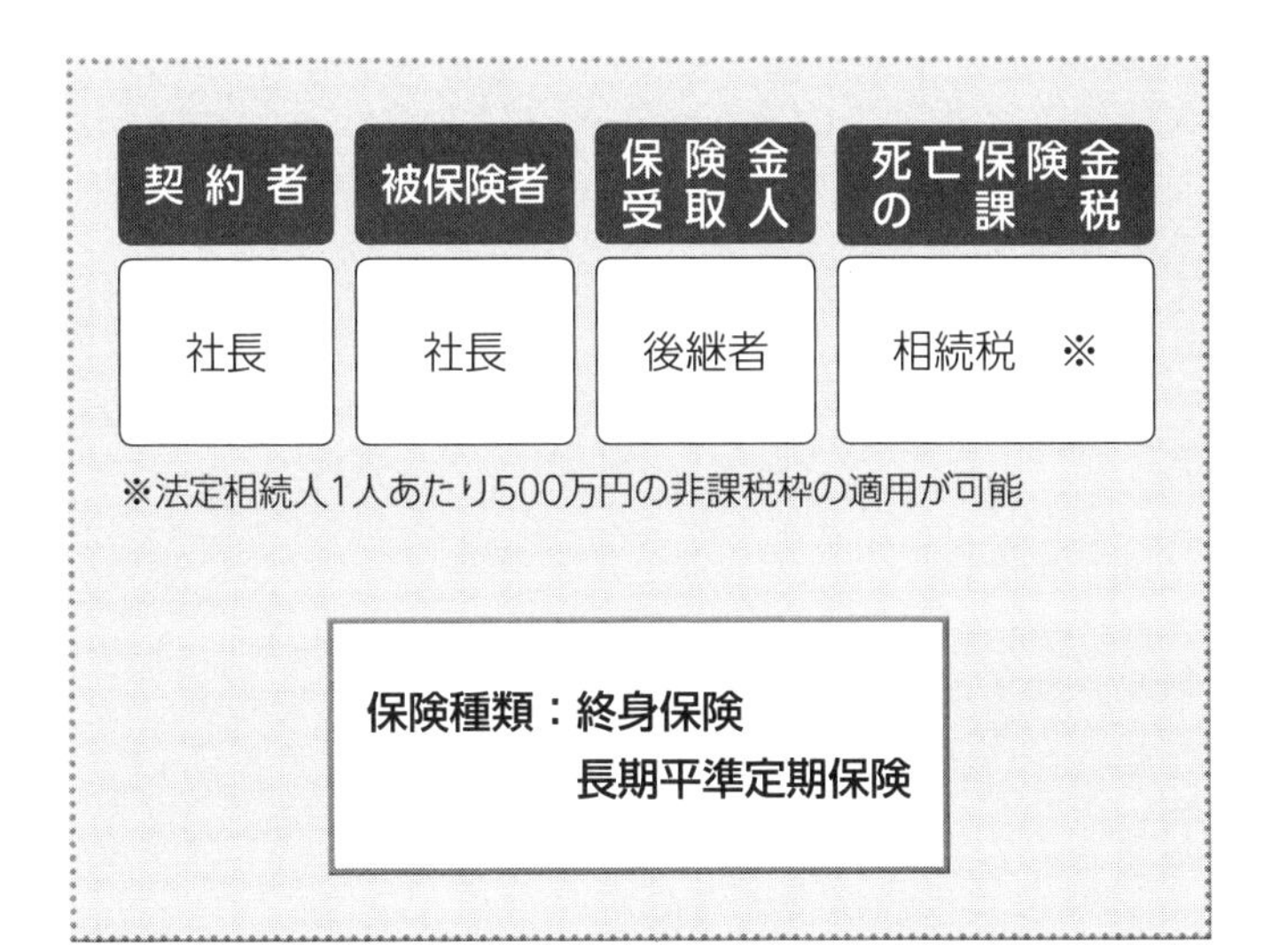

契約者	被保険者	保険金受取人	死亡保険金の課税
社長	社長	後継者	相続税　※

※法定相続人1人あたり500万円の非課税枠の適用が可能

保険種類：終身保険
　　　　　長期平準定期保険

退職金の準備

役員退職金を支払うことで株価が大きく下がることは、第4章でご説明したとおりです（↓105ページ）。

しかし、いざ支給しようとしても、その財源がなければ銀行借り入れ等で賄う（まかな）しかありません。できるだけ後継者に負担をかけない方法を選択したいものです。

たとえ高収益企業であったとしても、利益がすべて現金で残っているとは限りませんので、計画的な準備が必要です。準備が十分でなかったために退職金が支払えなくなる、また株価を引き下げたい一心で無理に未払や分割で退職金を損金計上すれば、税務調査で否認されるリスクは高まります。

それではどのように準備をしたらいいのでしょうか。

オーナー社長にとって、生存退職金はもちろんのこと、死亡退職金もご遺族の生活保障や、相続税の納税資金および、代償分割資金の財源として非常に重要です。

「計画的に準備する」といっても、特に預貯金などの場合は、それまでの資金しか準備できず、十分な死亡退職金を支払うことができないことがあります。高騰した株価で相続税の計算が行われれば、多額の相続税を原則10カ月以内に納めなければならず、後継者に過度な負担を強いることになるでしょう。

これらを同時に準備できる方法として効果的なのが生命保険の活用です。生命保険をうまく活用することで、生存、死亡退職金の両方を計画的に用意することができます。

支給可能額の目安

ここでは具体的な事例をもとに見てみましょう。

A社長の事例

現在の役員報酬：3百万円
現在までの役員在任年数：30年
現在の年齢：55歳

退職時期：10年後
退職金支給額：功績倍率方式で計算
月額役員報酬×在任年数×功績倍率＝3百万円×40年（30＋10）×3
＝3億6千万円

A社長は大手広告代理店から独立し、30年間仕事に励んできました。同業者の社長が急死したため危機感を感じ、万一に備えてどういった対策が必要かと顧問税理士に尋ねたところ、「まずは社長に万一のことがあった場合に、退職金を遺族に支払えるかどうかで、残された方々の負担はかなり違ってくる」とのアドバイスでした。

そこで、具体的に万一に備えた死亡退職金と、勇退時期を10年後と考えた場合のそれぞれの金額を出してみると、173ページの表のとおりになりました（図7－4）。

A社長の退職金の準備には、175ページの図のような保険を活用します（図7－5）。

【活用法】

A社長の場合、この保険に加入すると、契約直後から1億円の保障があります。

10年の間に社長に万一のことがあった場合にも、この1億円を死亡退職金、弔慰金の財源にすることができます。

毎年保険料1650万円を保険会社に支払いながら、退職金の財源の

図7-4 支給可能額の目安

経過年数	年齢	在任年数	生存退職金	税引後手取	死亡退職金＋弔慰金	
					業務上	業務外
現在	55歳	30年	27,000	20,467	37,800	28,800
1	56歳	31年	27,900	21,139	38,700	29,700
2	57歳	32年	28,800	21,811	39,600	30,600
3	58歳	33年	29,700	22,482	40,500	31,500
4	59歳	34年	30,600	23,154	41,400	32,400
5	60歳	35年	31,500	23,826	42,300	33,300
6	61歳	36年	32,400	24,498	43,200	34,200
7	62歳	37年	33,300	25,169	44,100	35,100
8	63歳	38年	34,200	25,841	45,000	36,000
9	64歳	39年	35,100	26,513	45,900	36,900
10	65歳	40年	36,000	27,185	46,800	37,800

※死亡退職金に加算される弔慰金の額
業務上死亡の場合→300万円×36ヵ月＝1億800万円
業務外死亡の場合→300万円× 6ヵ月＝1,800万円

この金額について会社は損金で支払うことができ、また遺族は非課税で受け取ることができます。
※ただし退職金規定が必要。

一部を貯めていくことになります。

またこの保険は保険料の１／４を損金算入できるため、退職金準備をしながら約１４０万円の法人税を軽減する効果があります。


そして退任予定の10年後、このとき解約返戻金の戻り率は１００％以上。ここで解約すると、それまでに支払った金額を少し上回って約１億６５７０万円が戻ってきます（１７７ページ 図7－6）。

この解約返戻金を役員退職金の財源の一部に充当することができます。


さらに保険料の３／４が資産計上されているので、雑収入として計上しなければならない金額は４０００万円ほどに抑えられます。

退職金を支払うことで株価が下がる結果になる効果を発揮するのに、

図7-5 退職金を準備する

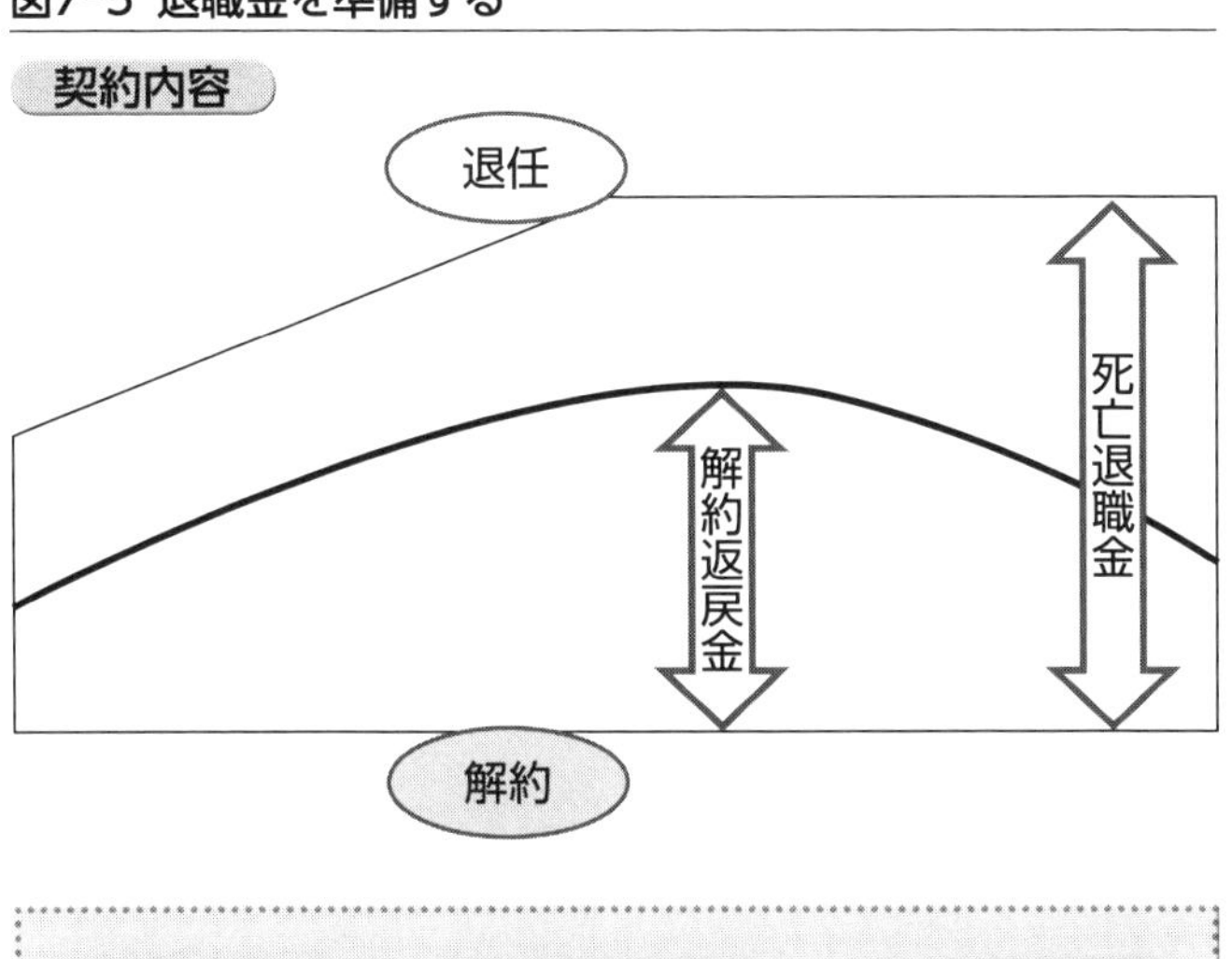

適した保険商品の1つであるといえます。

社長に万一のことが発生したら常に解約返戻金を上回る保障が確保されていることも魅力の1つです。加えて、保険を解約せずに退職金の一部として現物支給という形で受け取れば、保障機能を残しつつ、相続税の納税資金や遺産分割時の資金に充当することもできます。

現物支給については、次で詳しくご説明します。


【メリット】

・高額な役員退職金（生存・死亡両方）の財源を計画的に準備することができる

図7-6 具体的なA生命の保険契約推移（イメージ）

単位：万円

経過年数	年齢	死亡保険金	払込保険料累計	解約返戻金	返戻率	損金算入額累計	資産計上額累計
1	56	10,000	1,649	1,369	83.0%	412	1,236
2	57	10,000	3,297	2,967	89.9%	824	2,473
3	58	10,000	4,946	4,591	92.8%	1,236	3,709
4	59	10,000	6,594	6,244	94.6%	1,649	4,946
5	60	11,000	8,243	7,917	96.0%	2,061	6,182
6	61	12,100	9,892	9,608	97.1%	2,473	7,419
7	62	13,310	11,540	11,320	98.0%	2,885	8,655
8	63	14,640	13,189	13,051	98.9%	3,297	9,892
9	64	16,110	14,837	14,802	99.7%	3,709	11,128
10	65	17,720	16,486	16,572	100.5%	4,122	12,365
11	66	19,490	18,135	18,338	101.1%	4,534	13,601
12	67	21,440	19,783	20,117	101.6%	4,946	14,837
13	68	23,580	21,432	21,817	101.7%	5,358	16,074
14	69	25,940	23,081	21,898	94.8%	5,770	17,310
15	70	28,530	24,729	23,673	95.7%	6,182	18,547

生命保険の現物支給はさまざまなメリットがある

退職金の一部として、低解約型の生命保険を解約せずに現物支給することで、

①雑損失が発生するために株価が下がる
②退職金の課税評価額を抑える
③万一の際の一生涯の保障と高額な解約返戻金を確保できる

この3つのメリットを得ることができます（図7－7）。

【活用法】

先ほど同様、10年後に退職予定のA社長を想定しています。

図7-7 退職金の現物支給例

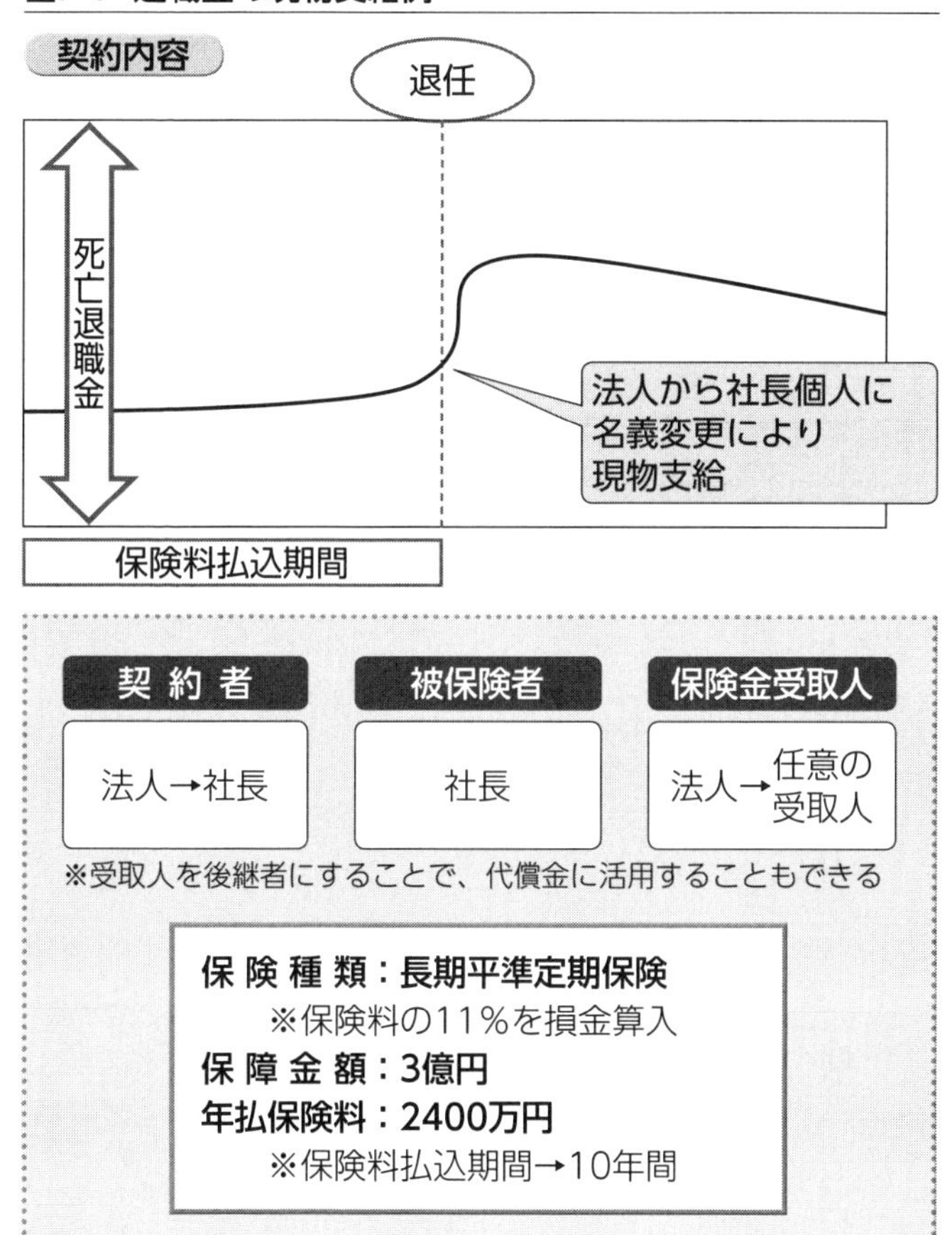

使用するのは、加入後10年間は、解約返戻金の戻り率の低いタイプの保険です。この戻り率の低いとき、すなわち10年後に役員退職金の一部として、現物支給します。

生命保険の課税評価額は、いくら保険料を支払ったかではなく、保険を退職金の一部として現物支給するときの解約返戻金相当額になります。今回の事例では、10年後の解約返戻金は1億7000万円で、この金額が課税評価額となります。

それは、支払った保険料の約70％です（図7－8）。

したがって、この保険を現物支給することで退職金の損金に加えて、資産計上されている金額との差額、約4000万円の雑損失が発生します。また、解約せずに1年間経過すれば、会社が支払った保険料を上回る解約返戻金になります。

図7-8 具体的なB生命の保険契約推移（イメージ）

単位：万円

経過年数	年齢	死亡保険金	払込保険料累計	解約返戻金	返戻率	損金算入額累計	資産計上額累計
1年	56歳	30,000	2,398	1,461	60.9%	266	2,132
2年	57歳	30,000	4,796	3,069	63.9%	533	4,263
3年	58歳	30,000	7,194	4,701	65.3%	799	6,395
4年	59歳	30,000	9,593	6,357	66.2%	1,066	8,527
5年	60歳	30,000	11,991	8,040	67.0%	1,332	10,658
6年	61歳	30,000	14,389	9,753	67.7%	1,599	12,790
7年	62歳	30,000	16,787	11,499	68.4%	1,865	14,922
8年	63歳	30,000	19,185	13,275	69.1%	2,132	17,053
9年	64歳	30,000	21,583	15,087	69.9%	2,398	19,185
10年	65歳	30,000	23,981	16,938	70.6%	2,665	21,317
11年	66歳	30,000	23,981	24,414	101.8%	2,605	21,376
12年	67歳	30,000	23,981	24,630	102.7%	2,546	21,435
13年	68歳	30,000	23,981	24,843	103.5%	2,487	21,494
14年	69歳	30,000	23,981	25,053	104.4%	2,428	21,554
15年	70歳	30,000	23,981	25,260	105.3%	2,369	21,613

保険料の払込は10年で完了しているため、社長は保険料の負担なしで3億円の高額保障と、解約した場合約2億4400万円を超える資産を確保することができます。

【メリット】

・万一の際の一生涯の保障と、雑損失が発生するため株価が下がる

連帯保証債務の相殺

オーナー企業では会社の借り入れに対し、社長が個人保証（連帯保証）をしているケースを多く目にします。場合によっては、個人資産を担保として提供している社長もいるのではないでしょうか。

連帯保証債務は、そのままにしていると相続発生時に相続人に相続され、会社が返済できなくなった場合に、相続人全員で返済しなければなりません。

法定相続人に法定相続分どおりに相続されてしまうため、後継者のみならず、経営に関与しない人まで債務を引き継がなければならないのです。

さらに債務の履行が確定していないため、相続税の債務控除の対象にもなりません。

相続発生時点で完済できるようにしておかなければ、経営に関与しない相続人まで連帯債務の責任を負わせることになります。それを防ぐための仕組みとして、生命保険を活用することができます（図7－9）。

【活用法】

社長死亡時に、会社に支払われる生命保険金で返済します。

連帯保証債務を抱えたまま事業を引き継ぐことにならないよう、一括返済できる保険金額を設定しておくことが大切です。

【メリット】

・債務を保険金で一括返済することで、社長に万一のことがあった場合に、会社と家族を守る仕組みをつくることができる

図7-9 連帯保証債務を相殺する

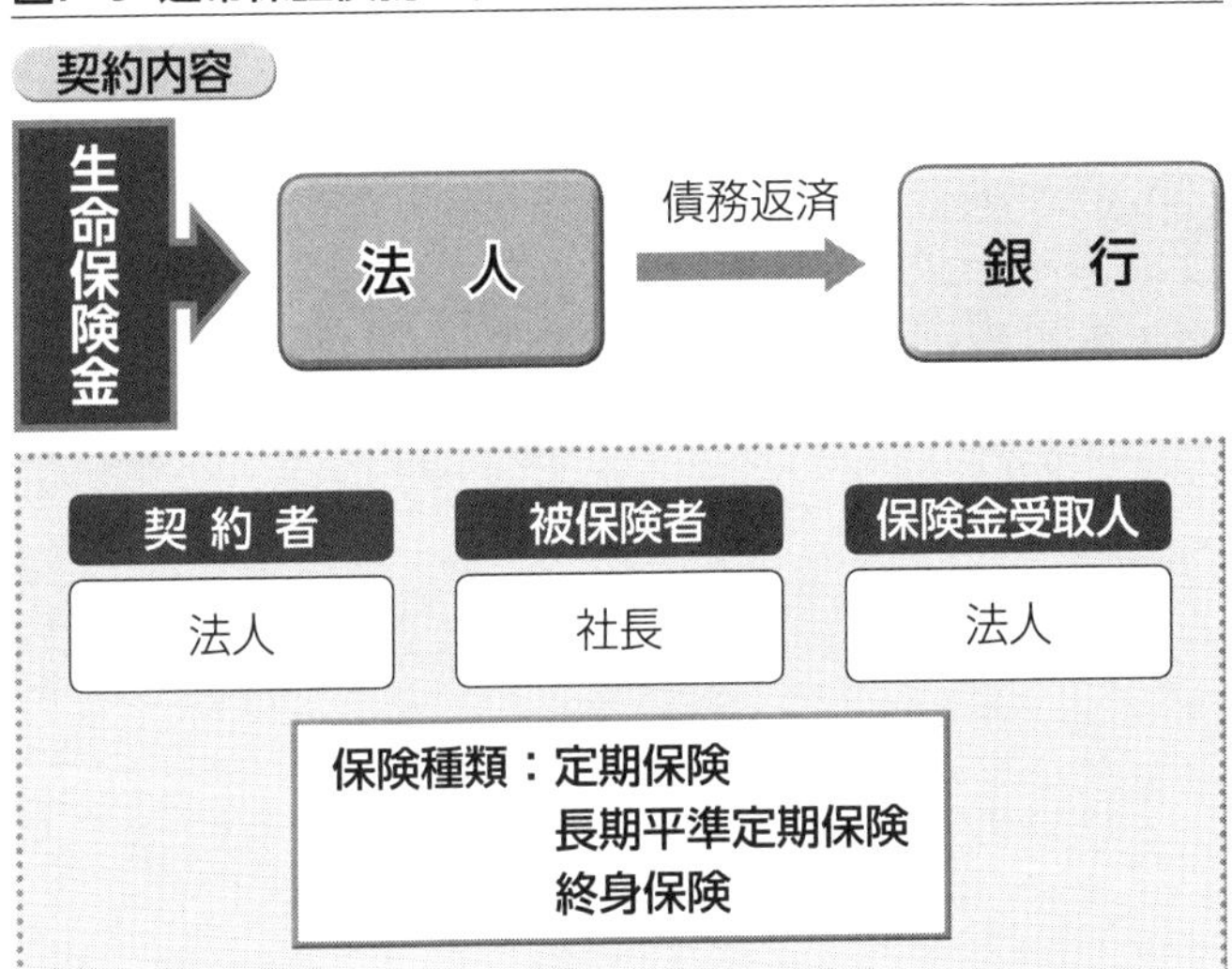

会社に多額の資金を貸し付けている場合

会社への貸付金は相続発生時には債権として社長の相続財産となり、相続税の課税対象となります。

会社が相続時に一括返済できるのであれば問題ありませんが、一般的には返済が困難である場合が多く、遺族は換金性のない財産（返済見込みのない貸付金）に対してまで相続税を支払わなければなりませんので、事前に対策を講じる必要があります。

対策例として、債権放棄が考えられますが、個人が債権放棄した場合、会社には債務免除益という益金が発生します。これについては法人税等の税金が課税されます。保険活用法は、前述の連帯保証債務の相殺の契約内容と同様です。

会社の存続にかかわるさまざまなリスクに備え、資金を準備することができる

ここまでご説明してきましたとおり、会社の存続にかかわるリスクに備えるためには、さまざまな資金が必要となります。

特にオーナー社長に万一のことがあった場合には、会社に高額な資金需要が発生します。これらに対処するためには、法人契約の生命保険が有効な手の1つです。

それぞれ次の表にまとめました（188ページ 図7-10、189ページ 図7-11）。皆様のご参考になれば幸いです。

図7-10 オーナー社長が亡くなった場合の資金需要

保険契約者	リスク	資金需要
法人	株の分散	安定した議決権確保のため 株の買取資金の確保
	親族間で 争う	円滑な遺産分割を可能にするため 代償分割資金の確保
	遺族の 生活保障	死亡退職金の準備と 納税資金の確保
	債務不履行	連帯保証債務と貸付金対策

図7-11 オーナー社長が亡くなった場合の生命保険活用例

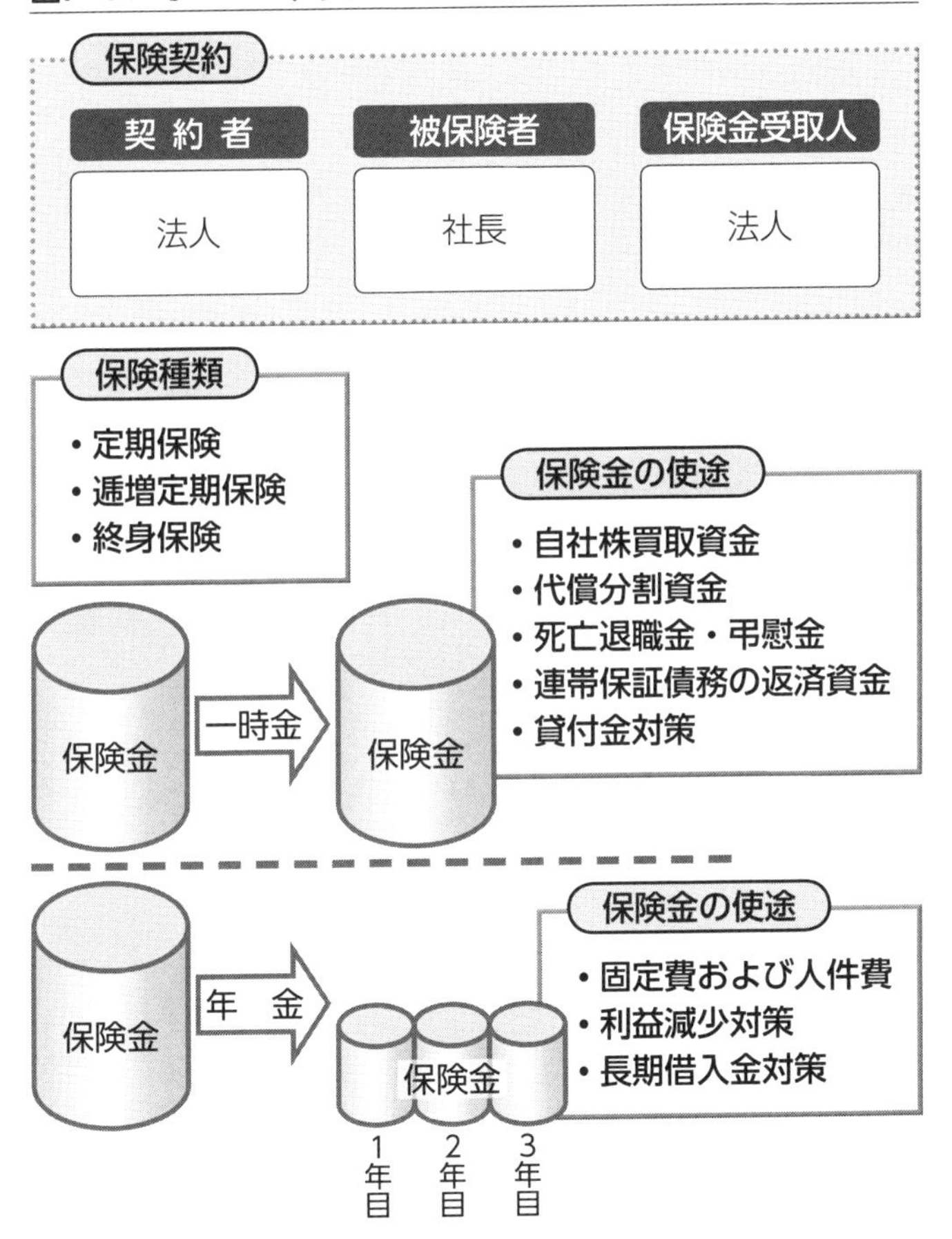
保険契約
契約者
法人
被保険者
社長
保険金受取人
法人
保険種類
・定期保険
・逓増定期保険
・終身保険
保険金
一時金
保険金
保険金の使途
・自社株買取資金
・代償分割資金
・死亡退職金・弔慰金
・連帯保証債務の返済資金
・貸付金対策
保険金
年　金
保険金
1年目
2年目
3年目
保険金の使途
・固定費および人件費
・利益減少対策
・長期借入金対策

第8章

「法務・税務・金融の三位一体」だからできる理想の自社株対策

第3章では、自社株対策を怠ったために、紛争化した事例をご紹介させていただきました。

では、このようにならないために具体的にどのような対策をすればいいか、事例をもとに、法務・税務・金融の三位一体の対策を解説させていただきます。

【事例】5年先に引退を考えている、社長の悩み

まずは、次のような会社の事例を見ていきましょう（図8－1）。

図8-1 N社の事例

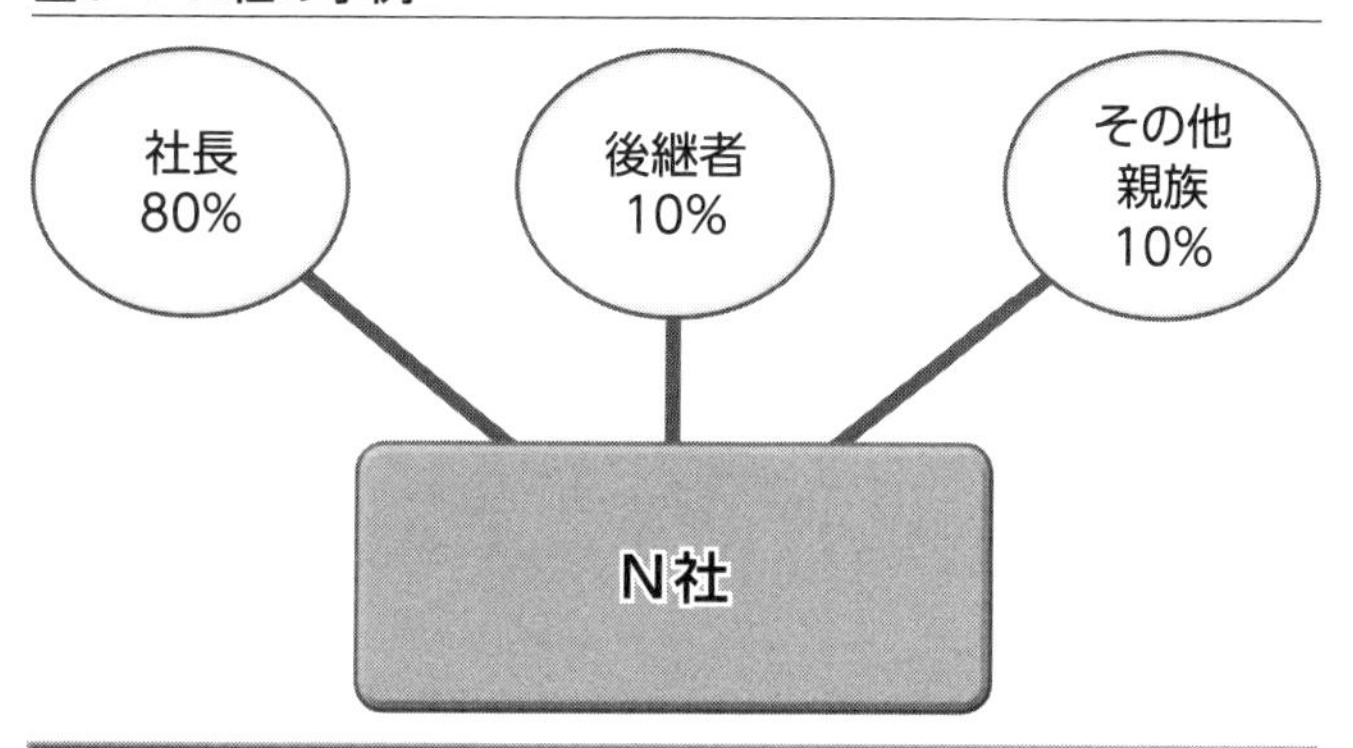
社長
80%
後継者
10%
その他
親族
10%
N社
会社概要
・卸売業
・売上20億円
・従業員110名
・純資産13億円
・株主構成：社長80%、後継者（ご長男）10%、
その他親族10%

社長の悩み

①5年後には引退したいが、後継者に自社株を移転したあと、しっかり経営してくれるか不安

②後継者のほか、会社に入っていない子どももいる。その子どもたちにも財産を残してあげたい

【解決策】

この社長の悩みは、次の1〜3のステップで解決することができます。

ステップ1（持株会社の設立）

まず、「株式移転」という会社法の組織再編の手続きを使い、持株会社を設立します。

株式移転とは、自社の株式を新しく設立した会社に取得させることをいいます。

株式移転には、会社の利害関係者（株主・債権者等）に計画書の作成や事前開示、株主総会による承認等の段階を踏む必要がありますが、この手法を使うことで税負担なく持株会社を設立することが可能です。

株を移転し取得しただけで、売買や譲渡はしていません。税制適格の要件を満たせば課税は発生しない手法です（197ページ図8-2）。

会社を運営するうえでの法務リスクを軽減

株式移転による持株会社の設立には、法務リスクを軽減する効果が期待できます。

N社の株主構成は、社長が80％、後継者が10％、その他親族が10％です。特に同族会社の場合は少数株主がいても、何年も株主総会を開催していないという会社は数多くあります。そのような会社は、株主総会決議がまったく行われていない状態です。

もし、この状態で、第3章のX物産のような事態が起きるとどうなるでしょうか。

会社の取締役は、実は株主総会で選任されていない取締役だったという問題が発生します。オーナー社長の多くは、そんな話聞いたことがない、問題ない、と株主総会を開催せずにいます。しかし、法務面から考

図8-2 持株会社の設立

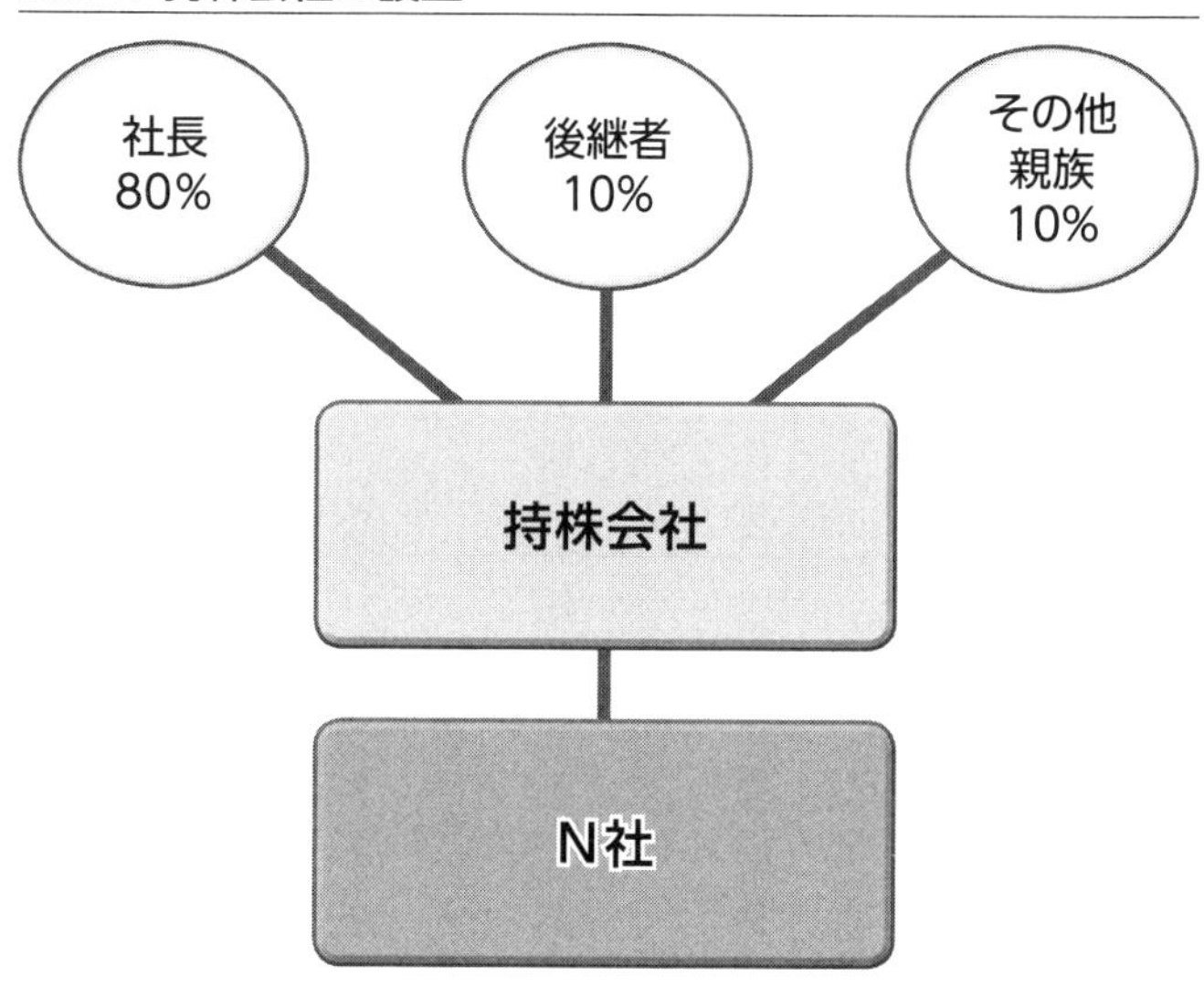

えると、大問題を抱えていることになるのです。

しかし、持株会社を設立しN社を100%子会社としておけば、持株会社の代表取締役の印鑑で株主総会決議をすべて完了できます。

つまり、資産管理会社の役割を持つ持株会社を設立すれば、株主総会を招集せずとも会社を運営することができ、法的なリスクを最小限にすることができるのです。

また、法務面のみならず、持株会社の設立には税務面での効果も期待できます。

含み益の評価を毎年37%（法人税相当分）控除できる

N社は、現在の株価は6億円で、何も対策をしなければ5年後の引退時期には12億円になるという見込みです。株式移転を用いて持株会社を設立し、N社の株を6億円で取得しますと、株価が12億円になった際、6億円の含み益を持つことになります。

株価評価のルールとして、法人が持つ含み資産については、含み益の37%（法人税相当分）を減額して評価すると、相続税の「財産評価基本通達」に定められています。

つまり株価算定時に12億円の含み益の37%、約4億5千万円を控除することができるのです。株式移転を活用することで、右肩上がりで上がり続ける株価を、毎年抑える効果をもたらします。

また、持株会社に資産計上されるN社の株式の価値は、株式移転をする直前の貸借対照表をもとに算定されます。

したがって、直前の決算内容が悪いときにタイミングよく持株会社を設立すれば、低い株価で算定され、本来の株価に戻る際の含み益から37%の法人税相当額が控除でき、上昇幅は抑えられます。

その後においても株価上昇分についてはすべて37%の法人税相当額が控除できるため、株価の上昇は未対策時に比べ、常に軽減できます。

ステップ2（退職金の準備と支給）

N社を契約者、社長を被保険者とした生命保険に加入します。このことにより、在任中（5年間）の死亡リスクに備えた死亡退職金の確保と、勇退時の生存退職金の準備を同時に行うことができます。

勇退時期が来たら、生命保険を解約して退職金の財源にあてます。受け取った退職金を、後継者以外の子どもに贈与していけば「後継者以外の子どもにも財産を残してあげたい」という悩みは解決できます。

もちろん勇退時の保険活用は、解約して退職金の一部にあてる方法だけにとどまりません。

複数の生命保険に加入しておけば、一部を解約せずに現物支給することもできます。そうすると保障がそのまま残るため、万一の際に、遺産分割で他の親族に対する代償分割資金としても活用できます。

5年後の状況は、計画していたとしてもそのとおりになるとは限りません。生命保険活用のメリットは、その時々の状況にあわせてベストな方法を、複数の選択肢から選ぶことができることです。

ステップ3（自社株の贈与と黄金株の活用）

さて、退職金支給により自社株評価が下がるタイミングで、後継者へ株を贈与します。通常はここで事業承継は終了なのですが、この事例の場合、「引退後、後継者がしっかり経営してくれるか不安」という社長のお悩みがありました。

この会社は、社長と後継者が一緒に事業承継を進めており、後継者もとてもしっかりした方ですが、社長からすると、経営者として本当に会社を任せていいのか不安だという心情です。

本来であれば、ご自身もN社を退職し、株を後継者へ贈与したことで経営権を失いますが、このように持株会社を設立し、代表取締役に就任していれば、ほぼすべての株を後継者に渡してもなお、社長の経営権が磐石な状態を維持することができます。

具体的には、社長が1株だけ黄金株を持つようにします。すると、持株会社の代表取締役という地位を、法的に奪われない状態をつくりだせるのです（図8-3）。

N社の経営権は、持株会社の代表取締役が行使します。持株会社の代表取締役の地位を奪われないということは、事業会社であるN社の経営権も100％支配できるということです。

図8-3 黄金株を持てば、経営権を維持できる

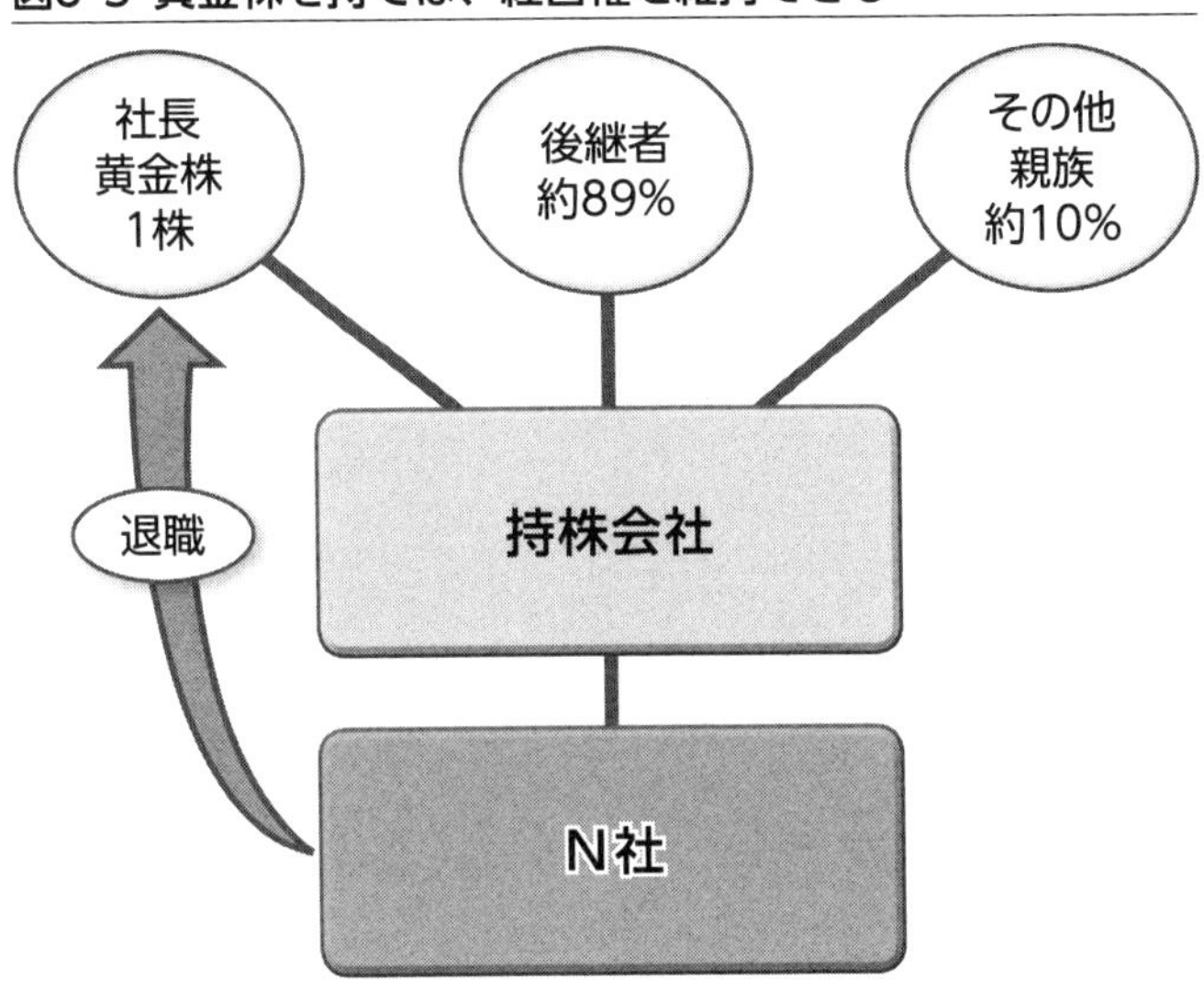

黄金株1株でその地位を守れば、他の株をすべて後継者に渡しても、社長は安心して後継者を見守ることができます。

ただし、社長はN社を退任しているため、N社への継続的な出社、会議の出席、あるいはN社の名刺の使用はできません。このような

ことをした場合、税務調査で役員退職金の支給自体が否認される可能性があります。

しかし、それさえ気をつけていれば持株会社の代表取締役として、後継者が危うい（従業員から突き上げられてしまった、取引先から全然相手にされていない）場面に、100％の経営権を行使し、経営を修正することが可能です。

たとえば、非常に有力な社員がいれば、一度その社員を社長にして、後継者は「もう1回勉強し直せ」と副社長にすることもできます。従業員もそうした人事を見て、今までの経営者が持株会社から見守っていることがわかり、安心ができます。

そして、後継者は副社長として力をつけ、社長をお願いした社員が退任する時期に、また社長に就任すればいいのです。

人の成長と、株価の下がるタイミングは、全く無関係です。事業承継の局面というのは、こうしたことを何度も繰り返す可能性があります。

持株会社を設立しておけば、このような場面で有効活用できます。

後継者が成長し、従業員も一致団結、取引先も後継者の経営を支援してくれるという状態になると、まさに円滑に事業が承継できたと実感できます。この段階で、社長が持株会社の代表取締役を退任すればいいのです。

あらかじめ取得条項で「取締役の退任」を条件に入れておけば、黄金株はそのタイミングで自動的に抹消されます。

したがって、最終的に株の90%を支配している後継者が持株会社の支配者になり、持株会社およびN社を100%支配する形になります。

後継者問題は、最後まで非常に悩むところです。しかし、持株会社があれば、黄金株を活用することで、株の大半を手放したあとも承継について考えることができます。

親族内承継を考えている会社の場合、非常に大きなメリットがあるといえます。

【対策のメリット】

・法務面：持株会社の活用により、会社を運営するうえでの法的リスクを軽減するとともに、黄金株を用いることで、後継者の経営判断の暴走を防ぐことができる

・税務面：N社から社長の功労に見合う退職金を準備し、受け取った資金で後継者以外の子どもに贈与で財産を渡すことができる

・金融面：退職金の一部を生命保険で準備することで、退職までに死亡した場合のリスクを軽減できる

貸付金ありきの持株会社の活用には注意が必要

すでにご存知の社長も多いかと思いますが、金融機関が持株会社の提案をしてくるケースもあります。

ただし、そちらと今回ご紹介した活用法は大きく異なりますので、混同されないよう、その違いについて説明します。

次からは、一般的によく使われている金融機関が提案する持株会社の活用法です（２０９ページ 図８-４）。

【提案内容（O社、構成：父（社長・株主）、母、長男（後継者）株価総額：10億円）】

①長男が株式会社を設立（以後、持株会社と表記）

②金融機関が持株会社へ10億円を貸し付け

③10億円でO社の株を持株会社へ売買（O社が持株会社の100％子社化）

O社に社長の株を売るとみなし配当となり、高額所得者の場合、最高税率55％の総合課税となりますが、持株会社に売ると20％の課税（所得税15％＋住民税5％）ですみます。さらに、O社の剰余金を持株会社に配当し、その配当金を金融機関に返済すれば、事実上O社の剰余金で事業承継が完了します。

図8-4 金融機関提案の持株会社の活用法

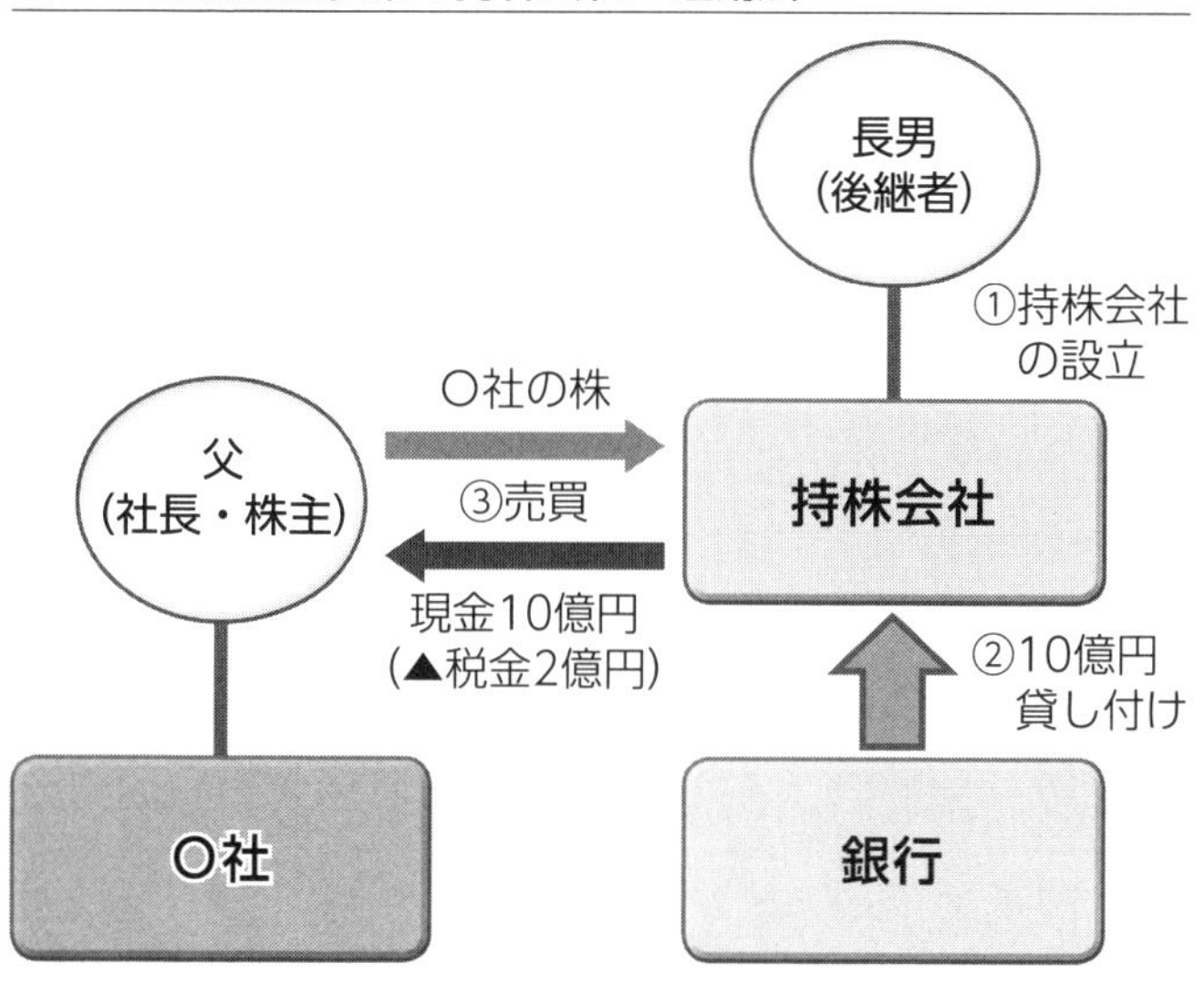

長男自身が借金をせずに承継が完了します。金融機関が積極的に提案しているため、非常に多くの会社で実行されている方法です（211ページ 図8-5）。

この方法は、後継者が婿養子等、直系の血族ではないというケースでは有効です。

経営権を移す＝娘婿や親族外に売るということですので、この場合現金が元社長の手元にあったほうが、すっきりと世代交代することができます。

しかし、直系の血族、たとえば長男に譲るといった場合はどうでしょうか。この貸付金ありきの方法で10億円の売買代金を受け取り、そのぶん2億円の納税をする。

実は、これは2億円納税するだけでも大きな負担です。

さらに、社長は8億円の相続財産が増えることになるため、何もしなければ将来8億円の現金に対し相続税が課税されます。現金のため財産の分割はしやすくなりますが、税務的には2回納税しなければならず、かなり不利な状態です。

図8-5 持株会社活用時の返済方法

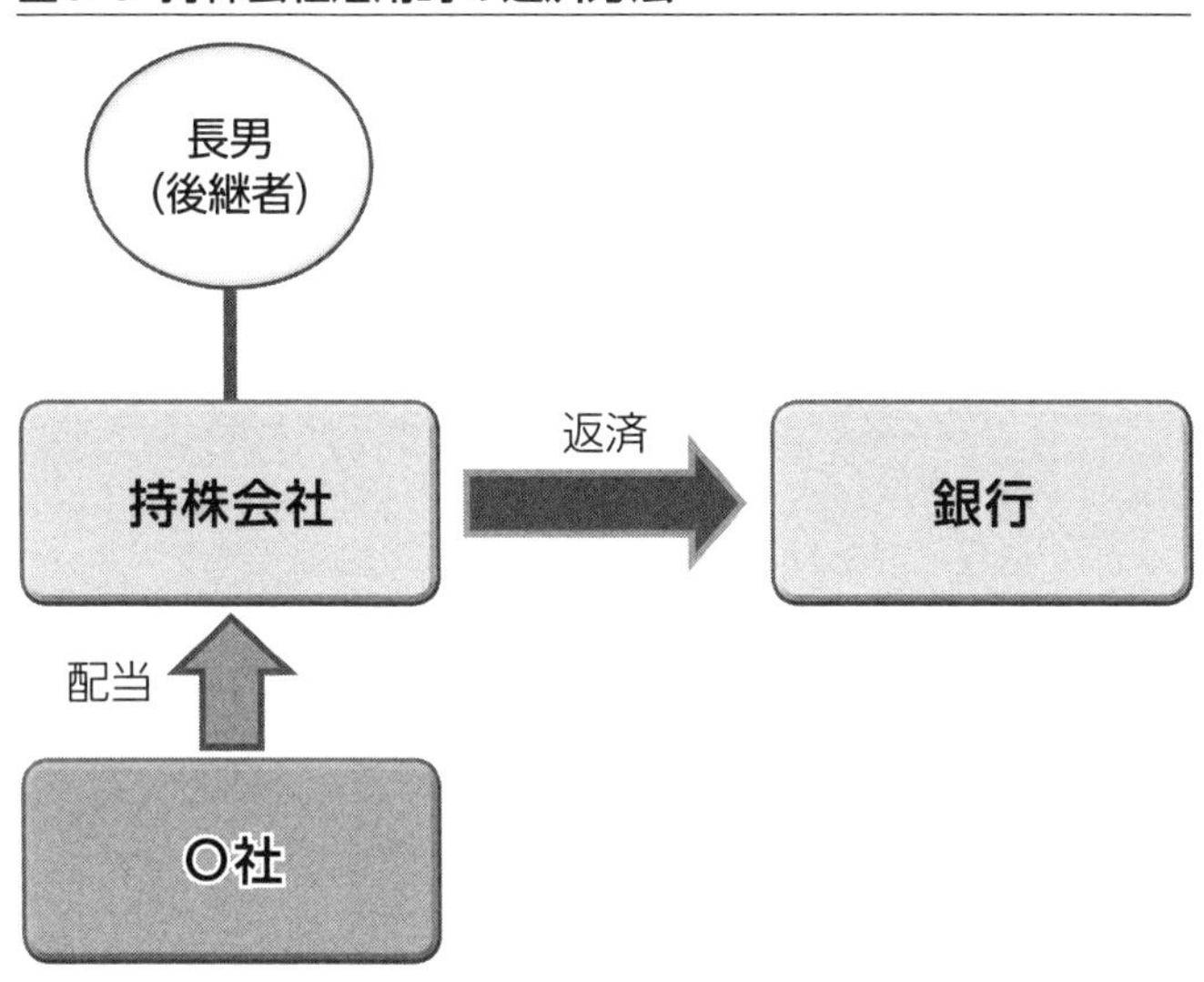

ここまでの説明はされずに、「55％の課税が20％ですむ」、「個人的な借り入れなく会社のキャッシュフローで事業承継ができる」というこの2点で得だと感じ、実行されてしまう経営者が多くいるのが現実です。

また、この場合、金融機関への返済方法と

して、配当のほか、合併や社債の発行を提案される場合があります。

しかし社債といっても単なる貸付金なので、回収の可能性がなくても評価は8億円です。そうなると、会社の業績が悪化し、8億円の返済が叶わない財務状況であっても、相続財産は8億円のままです。貸付金は、場合によっては株よりもやっかいといえるでしょう。


この提案を実行したことで、借入金が返せなくなり、新規事業に手を出す会社も多く見受けます。冷静に考えると、親族外に譲る場合はいいのですが、親族内承継の場合、あまりメリットはありません。

また借入金の返済は、すぐに実行すると租税回避と見なされるリスクがあることにも気をつけなければなりません。

金融機関の信用力と、その後の融資もある程度保証されるということもあり、実行している会社は多いですが、本当に自分の会社に合った方法なのか、注意深く見極めることが必要です。

特別章

オーナー社長の自社株対策チェックシート

オーナー社長の自社株をいかにスムーズに後継者に引き継ぐかという問題は、多くのオーナー社長が抱える課題です。

有効な対策は企業の状況によって異なりますが、ひとつ言えることは、早い時期から対策に着手するほど、多くの選択肢から有利な方法を選択できるということです。

まずはこのチェックシートを活用し、現状の課題と、必要な対策をご確認ください。

オーナー社長の自社株対策チェックシート21

□①直近1年以内に自社株の評価をしていない
□②自社株の評価方式を知らない
□③親族内で株が分散している
□④取引先に株を渡している
□⑤株価が高く、相続税が払えるか心配だ
□⑥後継者が決まっているが、株価が高く移せない
□⑦子どもが複数いて、そのうちの1人が後継者だ
□⑧納税猶予制度の活用を考えている

□⑨非課税の範囲で暦年贈与を行っている

□⑩持株会社（ホールディングス）の設立を検討している

□⑪グループ会社、子会社はない

□⑫投資育成会社の活用を検討している

□⑬金庫株（自己株式）の活用を検討している

□⑭従業員持株会の活用を検討している

□⑮信託の活用を検討している

□⑯相続時精算課税制度の活用を検討している

□⑰個人財産に占める自社株の割合が高い

□⑱自社株を誰に渡すかの遺言書をまだ作成していない

□⑲遺言書は作成しているが、税金や遺留分を考慮した内容になっていない

□ ⑳退職金を高額にとって株価を下げ、後継者に移す予定だ

□ ㉑生命保険の解約返戻金を退職金にあてるつもりだ

【解説】オーナー社長の自社株対策チェックシート21

①直近1年以内に自社株の評価をしていない

株価は会社の決算状況や同業種の平均株価等によって、変動します。最低年1回は現在の株価を評価しておくことをおすすめします。会社の規模・売上の変化によって、株価の評価方法が変わり、この場合、株価が大きく変動している可能性があります。

②自社株の評価方式を知らない

未上場会社の株価評価は、主に純資産価額方式と類似業種比準価額方式の併用方式となり、会社の売上や従業員数によって評価方法が変わります。

どの評価方式の会社かによって今後、とるべき対策も異なります。年1回の株価算定時に自社の評価方式をあわせて確認しておきましょう。

③親族内で株が分散している

1株でも所有している株主には「株式買取請求権」や「株主代表訴訟提起権」、3%以上所有していれば「帳簿閲覧請求権」や「取締役解任請求権」というように少数株主でも多大な権利があります。これらの請求があった場合には基本的には拒否できません。

関係が悪化した場合には争いのもとになりますので、良好な関係のうちに整理（買い取り）できないか検討してみてください。

さらに兄弟で役員になっており、互いに株主であるケースも同様、関係が悪化した場合に争いとなる可能性があります。基本的には、兄弟でも後継者に株を集中し、経営の安定化を図るのが得策です。また、「議決権制限株式」等、種類株を活用する選択肢もあります。

④取引先に株を渡している

取引先に株を持ってもらうことで、技術力の向上や取引上のメリットを得られる一方、役員報酬や役員退職金の額、組織再編について、取引先の了承をとらないといけなくなるなど、経営の自由度が低くなるでしょう。また事業承継時に有効な、黄金株や無議決権株式といった種類株式の活用も制限されてしまいます。対策には時間と専門家のアドバイスが必要です。

⑤株価が高く、相続税が払えるか心配だ

まずは、今の自社株評価額も含めた社長個人の財産額を洗い出し、万一の際にいくらの相続税がかかるかを試算してみてください。当然、財産をどのように分割するかによっても、相続税額が異なりますので専門家のアドバイスが必要です。

⑥後継者が決まっているが、株価が高く移せない

株価は会社の利益状況によって大きく変動しますので、株価が下がったときに一気に株式を移転するという方法が考えられます。最適な時期

の1つが社長の退任による高額退職金支給後です。また、会社の業績が一時的に悪化したときも検討に値します。

⑦子どもが複数いて、そのうちの１人が後継者だ

後継者に自社株を集中させようとすると、通常は平等な分割ができず、不公平となってしまいます。

この対策としては、資産に占める現金の割合を高めるか、後継者を受取人とした生命保険に加入することで、将来の代償分割に対応することができます。

これらの対策を行わず相続を迎えますと、遺留分の減殺請求をされる、自社株が兄弟に分散するなど、将来に大きな火種を残すことにつながります。

⑧納税猶予制度の活用を考えている

発行済株式の3分の2を限度として、80％の相続税の納税が猶予できる納税猶予制度は魅力的です。ただし、本制度は2015年度の推計で約350件しか利用されていません（中小企業庁統計資料による）。

その大きな理由は、本制度の活用後に会社を売却したり、社員を大幅に減らしたり（5年平均で社員の8割を維持できない）した場合には、一括で納税（利息もつけて）を迫られるためです。

会社ですから将来の状況にあわせ、変化していかなければなりません。その際に本制度が足枷となる可能性があります。この点も考慮したうえで慎重な活用をおすすめします。

導入にあたっては同時に会社の組織再編もあわせて検討するといいでしょう。

⑨非課税の範囲で暦年贈与を行っている

年間110万円の非課税の範囲で暦年贈与を行っている方は多くいらっしゃいます。ただしこの金額では、高額な財産を移すのにかなりの時間がかかってしまいます。そこでたとえば、年間の贈与金額を310万円程度に増やすことを検討されてはいかがでしょうか。

310万円でもかかる贈与税は実質7％ですので、将来発生する相続税の税率と比較してもかなり低い税率となるケースが多く、有効な対策といえます。

⑩持株会社（ホールディングス）の設立を検討している

金融機関から持株会社設立をすすめられているというご相談を多くいただきます。相続税対策において持株会社の活用は有効な方法の1つです。ただし、株価が相当高額なケースでは、社長個人の持分を買い取るにあたりローンを活用したために、その後の返済に窮する場合もあり、慎重な検討が必要です。

⑪グループ会社、子会社はない

高収益部門を分社する、事業ごとに会社を分けるなどの方法を行うことで、結果的に株価の引き下げにつながることがあります。株価対策だけでなく、税務面でのメリットや経営戦略上でも有効な方法といえます。後継者の力量にあわせて分社化する方法もあります。

⑫投資育成会社の活用を検討している

投資育成会社の活用は、株価の引き下げにも有効で、相続税対策になります。優良企業にしか出資しないため、対外的な信用にもつながります。

ただし、高めの配当（通常6％以上）を継続して出す必要がある点と、一度出資を受けると引き上げが難しいこと、出資引き上げとなっても株価は時価での買い取りとなる点から、活用は慎重に検討する必要があります。

⑬金庫株（自己株式）の活用を検討している

社長に万一のことがあった場合、会社が株を買い取ることで遺族は相続税の納税資金を確保することができます。ただし、金庫株の活用においては、後継者（オーナー一族）の持株割合が低下し、経営権の安定に支障をきたすことがないような注意が必要です。

たとえばオーナー一族が80株（80％）その他20株（20％）の持株割合だったケースで50株（50％）を金庫株にすると、オーナー一族の持分割合は60％（金庫株を除いた50株に対して30株）となりますので、特別決議ができない状態になり、経営権の安定が図れなくなります。こうした場合は、金庫株のままにせず、いずれ後継者が買い取っていく必要があります。

⑭従業員持株会の活用を検討している

オーナーの持株割合を下げることで、相続税対策になります。また、名義株や親の保有する株を買い取ることで経営権が安定し、従業員にとっても経営参加意識の向上につながります。ただし規約等によっては、退職時に問題になるケースがありますので注意が必要です。

また、持株会の株式を議決権制限株式にしておくのが経営の安定上望ましいでしょう。

⑮信託の活用を検討している

息子である後継者に自社株を移転したいが、まだ頼りないので自社株の移転後も株式の議決権はまだ父（社長）が持っていたいケースに有効なのが「信託」です。通常、株主は所有株式について議決権を保有するので、自社株を移転すると議決権を手放すことになります。この際に「議決権行使の指図権」を父が保有する信託を設定することで、この問題が解決できます。

⑯相続時精算課税制度の活用を検討している

２５００万円まで一度に贈与できる点では魅力的ですが、本制度は相続時に贈与時の相続税評価額が相続財産に合算されます。このため将来価格の値上がりが見込めるものについては効果がありますが、逆に下がった場合にはしなかったほうが良かったということになりかねません。

自社株を後継者に集中させるために本制度は有効な方法ですが、実行のタイミングを充分に検討する必要があります。

⑰個人財産に占める自社株の割合が高い

まずは自社株評価額も含めた現在の財産で、いくらの相続税がかかるのかを試算してみてください。そのうえでかかる相続税がお持ちの現金資産より多くなるようでしたら、すぐに対策することをおすすめします。

対策に時間を要する場合もありますので、まずは万一の際の十分な保障を生命保険で確保することが急務です。

⑱自社株を誰に渡すかの遺言書をまだ作成していない

後継者に議決権が集中するような遺言書をすぐに作成することをおすすめします。争族を起こさないために公正証書にしてください。

後継者が完全に決まっていなくても、あとで何度でも書き直すことができますので今時点での想いを手紙（附言）つきの遺言で書くことをおすすめいたします。

⑲遺言書は作成しているが、税金や遺留分を考慮した内容になっていない

自社株は後継者に全部譲ると遺言書に書いていても、状況によっては、必ずしも後継者が納税できるとは限りません。遺留分を侵害している場合には相続後に揉める可能性が高くなります。あわせて後継者が他の相続人に対して代償資金を払えるように今から準備しておくことが重要です。

⑳退職金を高額にとって株価を下げ、後継者に移す予定だ

株価評価において、類似業種比準方式の評価の割合が高い会社の場合、直前期の利益によって株価が大きく変動します。退職時の利益状況と退職金の金額によって、株価は大きく変わりますが、高額な退職金を支給しても、株価が下がらないケースもあります。事前にいくつかのシミュレーションを行っておくことが重要です。

㉑生命保険の解約返戻金を退職金にあてるつもりだ

退職金を支給して会社の利益を一気に下げることで、株価評価を下げて後継者に株式を移転するという対策はよく行われていると思います。

この際に、退職金の財源を生命保険の解約返戻金で準備した場合、損金性の高い生命保険ですと、多額の雑収入が発生し、株価が下がらないケースがあります。この場合、退職時期と解約時期をずらすなどの方法が考えられます。

おわりに

弊社は、1998年の保険の自由化を機に「オーナー経営者が将来遭遇するであろう問題を明確にし、その解決に貢献する」という経営理念のもと、生命保険の乗合代理店としてスタートしました。

オーナー社長の不安を生命保険で払拭し、経営に専念できる環境をつくる、オーナー社長が万一の場合、揉めたり、納税で困る後継者を0（ゼロ）にするという夢を実現させたいと考えています。

しかし、保険代理店は契約管理や保険金等の請求手続きのお手伝いにとどまり、保険金が受取人に支払われれば、そこでお客様との関係は終了してしまいます。その後、税務申告は税理士、遺産分割をめぐる親族間での紛争となれば弁護士が登場してくるわけです。保険代理店にはその後どうなったか知る由もありません。

実はこのことが、的確な保険アドバイスをするうえで最大の落とし穴なのです。お客様へ支払われる保険金等をどのように活用するのか、またどのように活用したいのか、社長の想いを事前にお聞かせいただくことで、かけた生命保険が活きてくるのです。

オーナー社長はさまざまな問題を抱えておられます。さらに、将来においてどのような問題に遭遇するか見当がつかないというのも実情です。解決には、それぞれの分野の専門家に相談するというケースが一般的ですが、問題を俯瞰してとらえた場合、そのアドバイスは部分的には最適であっても、全体的に考えると最適ではないこともあります。オーナー社長にとって専門家のアドバイスは、時に「帯に短し襷(たすき)に長し」と、今一歩実行できない状況もおありだったのではないのでしょうか。

弊社は、さまざまな専門家と手を組むことで、オーナー社長を取り巻く問題を俯瞰して考え、その解決に貢献していきたいと日々努力しております。

本書にも記載しておりますとおり、オーナー社長の自社株対策にはとても時間がかかります。後継者の決定等、一定の条件が揃わないとできない対策もあります。条件が揃う前に、万一のことが発生すれば会社の存続すら危ぶまれるでしょう。

ですから、何よりも一番効果的な対策は「早めのスタート」です。早めに、自社株対策をスタートすることで、打つ手も多くなり、円満なリタイアも近づきます。本書では、そのための一手を多数紹介してきました。

自社株対策の最も重要な課題は、後継者にいかに良い状態で会社を引き継いでいけるかです。

そして、後継者に良い状態で会社を引き継ぐために大切なのが、利益を上げ続けられる秘訣を伝授することと、後継者が、経営に専念できる環境をつくることです。

私どもは、執筆にご協力いただきました弁護士の福崎先生および当社グループの税理士島﨑氏とともに、三位一体となった自社株対策、すなわち経営に専念できる環境づくりのお役に立ちたいと思います。まだまだ夢半ばではありますが一歩一歩着実に進んでいるという手ごたえを感じています。

オーナー社長のためになり、ご満足いただくことを一筋に、全社員一丸となって邁進していく所存です。何卒ご指導ご鞭撻を賜れましたら幸いに存じます。

出版社の皆様にもご協力いただきましたことを、ここに感謝申し上げます。

ヒューマンネットワークグループ　グループ代表　齋藤 伸市

【著者紹介】

福﨑 剛志（ふくざき・たけし）
弁護士。1975年生まれ。香川県出身。広島大学法学部卒業後、2000年10月に司法試験合格、2001年3月に広島大学大学院社会科学研究科卒、2002年10月に弁護士登録(第二東京弁護士会)。現在、企業法務に定評のある鳥飼総合法律事務所に所属。2013年より同事務所パートナー就任。株主総会指導、M&A、事業承継対策、人事制度の構築支援など、多数のクライアント企業に対して幅広い法務サービスを提供している。特に、オーナー企業の自社株対策において、組織再編・種類株式を活用した手法で幅広く活躍。

島﨑 敦史（しまざき・あつし）
税理士。1963年東京都生まれ。青山学院大学経済学部卒業。青山学院大学大学院法学研究科修了。ヒューマンネットワークグループの税理士法人東京会計パートナーズの代表社員。徹底した現場主義をモットーに、24年間にわたりオーナー経営者の課題解決のためコンサルティングを行っている。

齋藤 伸市（さいとう・しんいち）
1960年東京都生まれ。大手損害保険会社を経て、1999年に生命保険を活用してオーナー企業の事業承継を支援するコンサルティング会社、ヒューマンネットワーク株式会社を設立、代表取締役に就任。2014年にはグループ会社として、オーナー個人の税務戦略に特化したコンサルティングを行う、株式会社東京会計パートナーズを設立、代表取締役に就任。1600人を超えるオーナー経営者や医療法人理事長を顧客とし、総合的な資産防衛のアドバイスを行っている。

ヒューマンネットワークグループ　https://www.humannetwork.jp/

ブックデザイン：藤塚 尚子（ISSHIKI）
図　　　　版：有限会社クリィーク

オーナー社長の自社株対策

2016年 10月15日　第1刷発行
2016年 11月13日　第2刷発行

著　者　福﨑 剛志／島﨑 敦史／齋藤 伸市
発行者　徳留 慶太郎
発行所　株式会社すばる舎
〒170-0013　東京都豊島区東池袋3-9-7　東池袋織本ビル
TEL 03-3981-8651（代表）　03-3981-0767（営業部直通）
振替 00140-7-116563
http://www.subarusya.jp/
印　刷　株式会社シナノ

落丁・乱丁本はお取り替えいたします
© humannetwork GROUP Inc. 2016 Printed in Japan
ISBN978-4-7991-0566-5